点亮艺术之眼

——伟大的博物馆

伟大的
博物馆

Museo Archeologico Napoli

那不勒斯
国家考古博物馆

〔意大利〕迪雷塔·哥伦布 编著
崔 娥 译

译林出版社

目 录

前 言

这本书展示了那不勒斯国家考古博物馆所有伟大的艺术品：凡尼斯大力士、维纳斯·卡皮丽姬娅、亚历山大的马赛克、凡尼斯公牛、凡尼斯杯以及来自赫库兰尼姆莎草别墅的铜像。这些世界闻名、受人敬仰并可供观赏的艺术作品齐聚一堂却被陈列在至今仍分时“限制”进入的展览大厅和分区。我们自然是从这些很有趣的“风光旖旎”的分区先说起。

这里提到的展厅被称为那不勒斯考古博物馆的“情色密室”，正是传说中藏有情色艺术品的展厅。国家博物馆诱人的库存列表就决定了它近乎奢侈的贵族气质：“公鸡形状的勃起的阴茎”、“顶起上衣的阴茎形象”、“有巨大阴茎的半人半兽神油灯”、“带有阴茎翅膀的铃铛”、“色情的半人半兽神三足鼎”，甚至是“带有浮动阴茎的花瓶”。著名的藏品还有“群交广场”、“性交背面”、“悬垂式的情色”以及“在沉睡的少女之间摸索的顽皮的‘潘’”等系列作品。说实在的，比起惊吓，这些作品更能逗笑参观者们，但在18世纪当考古学家们发现这些文物的时候可是受到了很大惊吓的。出生并生活在古罗马的道德神话下的考古学家们，当即就感觉到自己面临的是无比下流色情的模范样本。在他们的挖掘日记里以十分尴尬的口吻记载着，他们发掘了很多“猥琐之物”，值得一提的是护身符、画作、肆无忌惮的性爱场面的浮雕或者连环画。并且不到一天的工夫庞贝的墙上就出现了大量低级色情的画面以及文字，例如“五个金子就让你爽个够”或者“只要一枚硬币我就是你的”之类淫荡的字眼。

1752年，在赫库兰尼姆遗址的莎草别墅里发现了一组以“潘和山羊”为主题的大理石。被评论者凡维特利称为“淫荡至极却很美”的作品。理所当然地，那不勒斯国王也出于好奇前去看了一眼，但之后立刻就下令将之锁在一个衣柜里。虽然正式的交管被严格执行了，但伟大的温克尔曼被允许检查雕塑。考古学家们对此表现出来的尴尬也助长了道德家们的气焰。就这样，庞贝城被贴上了像索多玛一样“神级腐败淫乱之城”，应受火刑之罚。然而，机敏的学者们并没有太去留心这些传言。他们精心收集了这些色情藏品，鼓足了很大勇气对外公开了其中一部分，剩下的没有落到商人和收藏家手里的都被藏于波蒂奇考古博物馆中的18世纪展厅中，被小心翼翼地锁了起来，并只允许一些特殊的拜访。这段特殊的非博物馆历史之后又遭遇了数次开放与关闭，被禁与困窘，慷慨豁达与胆怯审慎。当波蒂奇考古博物馆迁至那不勒斯大学校址时，已是18世纪晚期了，从那时起，曾经被禁的藏品终于得以面世。1819年，波旁家族弗朗切斯科一世国王不幸地有了带着女儿夏洛特一起去参观馆内珍品的想法，我们无从得知一个女孩子面对那些赤裸裸的性爱展品时的反应，但只知道那次之后国王就立刻下令将所有色情展品关进一间只允许心智成熟并有道德的成年人进入参观的密室。这间传说中的"情色密室"，在当时保存过百件"臭名昭著的经许可的文物"（在当时的导览名册中可见），直到1848年自由主义运动之后才得以重新开放，但在1849年又马上遭到了禁闭，那些反对势力再一次将希望锁进禁锢那些"情色和裸体绘画或雕刻"作品的钥匙里。

在随后的几年里，情况甚至更糟。禁锢核心被推到了二层的一个甚至连门都被围堵的房间，以确保毁掉每一个关于那间可耻密室的致命记忆；可惜的是，和那些情色藏品一起被圈禁的还有提香的《达娜厄》——现藏于卡波迪蒙特博物馆。至于何时才推倒这些围墙，那就得说到加里波第的到来了。亚历山大·杜马斯（教皇）是博物馆新一任馆长。他下令重新解禁那些"保留珍藏品"，而在1866年——在费奥雷利的杰出领导下——第一部《情色收藏品名录》诞生了。加里波第确定情色区开放给所有怀有好奇心的男性。只是对所有青少年都予以禁令，而对女性和牧师则酌情而论：只要申请一张特别通行证就可以前往参观了。但材料就是个棘手的问题。萨沃伊家族希望能够更谨慎一些，并要求所有人都要持有书面许可证才能进入。这条法令持续到了1931年，随后密室再次被禁。在1968年前夕，情色密室才又重新开放，但这也只是短暂的愉悦，因为之后一连串的大型整修重组工事再次导致了博物馆又一次漫漫的关停期。

剩下的就是近闻了。1999年，这一独特的历史篇章和罗马服饰再次敞开了宏伟的大门。今天，所有人均可前往参观，不论男女，不论是牧师还是青年。只有小学生禁止入内。但仍有宽慰政策：如果向老师要求去看一看一层的"维纳斯·卡皮丽姬娅"、"坐式性爱"，也一定不会感到失望的。

马可·卡尔米纳蒂

那不勒斯国家考古博物馆

考古博物馆建筑群始建于1585年，最初为西班牙总督唐·佩德罗·德·基隆任命G.V.凯撒莱为骑兵部队所建筑的军营。然而，当年的宫殿如今只剩下沿着圣·泰雷萨路上的一扇残存的粗斑熔岩正门。事实上军营工程一直未能竣工并于17世纪早期被废止，直到1610年，建筑师朱利奥·切萨雷·冯丹纳奉总督佩德罗·费南德·德·卡斯特罗之命继续完成了工事，由此成为那不勒斯大学所在地。17世纪的建筑仍沿袭罗马文艺复兴晚期的传统风格，独层楼的设计横向向两侧延伸出去，中央大厅外部为穹隆结构，背部为半圆形。

随着那不勒斯大学迁至萨尔瓦托雷建筑区，便开始对博物馆进行大规模的重修和扩建，以使之成为普遍意义上的“博物馆”：正如路易吉·凡维特利所建议的那样，建成后的博物馆里设有四个图书馆和一所美术学院，伟大的古董收藏品装点着宏伟的古罗马建筑，真正是货真价实的博物馆了。之后，建筑师彭培·斯前塔雷利的二层设计也被纳入考虑实施范畴。

同时在1738年，庞贝城被发掘的十年后，赫库兰尼姆遗址也被发现，那不勒斯的古文化遗产呈现日益富饶的景象，陈列着维苏威城旧址的雕塑、壁画以及日常用品的波蒂奇皇家别墅也因此显得太过狭小了。

18世纪80年代，凡维特利的构想被采纳，那不勒斯的古文化收藏品被转移，其中包括珍贵的凡尼斯藏品。这些凡尼斯真品曾装饰于罗马帕拉迪诺山上被花场和凡尼斯田园环绕的贵族宫殿里，于1787年应费迪南多四世之命被运至那不勒斯城的。

在那几年后的1791年，计划在馆内二层大厅建造一个观星台，也就是今天的“日晷馆”：它是欧洲最大的室内大厅之一，属于17世纪博物馆核心建筑，不过遗憾的是在整个17世纪以及18世纪都未被投入使用。观星台的建设最终未能实现，而是在大厅西南角上放置了一台27米多长的日晷仪。

在彩饰大理石地面上安置了黄铜刻度尺，每到中午的时候，太阳光会从大厅顶部角落的洞口直打在刻度上；在阶梯边上内嵌着一些代表十二星座标志的徽章图。

现在，在大厅的墙壁的下部，绘有一些来自波旁艺术学院的艺术家们的画作，比如G. 曼奇内里，M. 德・那波里以及V. 德・安吉利斯。在墙壁上部是出自热那亚画家德拉齐讲述亚历山大・凡尼斯

珀尔修斯和安德洛墨达，出自庞贝，彩印支架，IV风格，公元45年—公元79年

事迹的连环画，也曾经一度挂上过帕维亚战役场面画样的挂毯，这些挂毯现在已被移至卡波迪蒙特博物馆。大厅的天花板则是由皮耶罗·巴尔德里诺（1728—1810）绘制的：壁画正中是庆祝费迪南多四世及其妻子奥地利公爵夫人玛利亚·卡罗丽娜作为艺术守护者的场面；画中的君主被由于科学和艺术的存在而拟人化的美德加冕。

18世纪末期，由于一系列的政治动荡，费迪南多四世被迫逃往那不勒斯，此时的那不勒斯已经被法国人统治近十年（1806—1815）：在此期间，开放了“皇家博物馆”最早的几个大厅。但真正的开幕式则是在1816年，波旁家族回归的时候，那时起，博物馆正式落成开幕并得名为波旁皇家博物馆。

在19世纪上半叶，博物馆因获得了一系列出自庞贝古城遗址的古物而增色不少，其中就有亚历山大的马赛克以及其他一些来自农牧神之家的马赛克作品，它们的到来为本已富饶的马赛克收藏又添了苍劲的一笔。维苏威古城里采得的马赛克其中一部分被用于镶嵌博物馆西侧二层的地板，另一部分则展示在博物馆夹层间，至今仍然可寻。

自1844年起，博物馆工作由朱塞佩·费奥雷利主持，后因其被指控宣扬自由主义曾遭解职；意大利统一后，费奥雷利又成为挖掘庞贝城的负责人，同时博物馆正式成为国家博物馆。费奥雷利为博物馆完成了庞贝海拔测量的工作，并制作了庞贝城大型模型——至今仍保存在馆内。

博物馆基于历史演变以及实证主义的收藏品重组进行于20世纪初，得益于埃托雷·帕伊斯在职四年（1910—1914）的主持工作；帕伊斯所提出的编制标准直到近年来仍保持不变，至少沿袭了他的主要编制方针。

现在博物馆正在进行着艰巨的重编工程，旨在在保持藏品原有威望的基础上将尽可能归整原属地相同的藏品。来自埃及的藏品被安置在馆内地下，共计约2500件作品，大部分来源于埃及，只有其中一小部分是在维苏威城区或者坎帕尼亚其他地区被找回的。

藏品中最古老的核心部分来自波吉亚珍品，原属于红衣主教斯特法诺·波吉亚，他的孙子于1815年出售给波旁家族的费迪南多四世。在那一年后，这些珍藏品被运至那不勒斯，因此正好填补了博物馆收藏品的年代空隙。之后除了间歇性的购买行为之外，1827年合并朱塞佩·皮江迪的收藏以及1842年汉堡市骑士石纳斯捐赠的少量古老文物都使得馆内的埃及珍藏品种不断丰富起来。

最近的一批藏品入馆时间追溯到1917年，博物馆获赠了一颗木乃伊头颅以及一些木乃伊脚。

埃及藏品区最初被安置在大厅入口处，现在售票处的位置，后在费奥雷利主持期间被迁至现在的展示厅，展厅内装饰有一些类似国王谷内部彩饰的绘画，以此勾起参观者对于藏品来源地背景环境的联想。

展区曾一度关闭，直到1989年才重新开放；藏品按照收回路径分类，分为波吉亚藏品、皮江迪藏品、史蒂芬藏品以及发现于坎帕尼亚的文物藏品。在地下层还设有碑铭藏品区，它们的出处各有不同。

在众多碑铭收藏品中，最重要的藏品集合了来自凡尼斯图书管理员福威尔·奥尔西尼的碑文收藏，红衣主教斯特法诺·波吉亚的碑文收藏以及其他一些来自意大利南方尤其是坎帕尼亚的很多碑铭珍品。

其中，第一区中一部分碑铭出自大希腊的中心要塞，例如洛克里、图里和艾拉克雷尔，另一部分出自那不勒斯在古罗马帝国以前以希腊语为官方语言的地区。一组重要的登记记录表明了在后来的罗曼语之前意大利中南部曾存在多种语言：碑铭文中有用伊特鲁里亚语的，有用萨贝利语的（比如贝兰泰碑），有用沃尔西语的，还有很多证据显示了庞贝奥斯卡部落的存在。后面几个区展出的是一些拉丁文的碑铭，按照记录风格为政治—机构文字、庞贝以及来源地波佐利来分类。

博物馆的整整第一层全是雕塑。在博物馆东侧，从右至中心陈列的是凡尼斯真品，古罗马时期最著名的收藏系列。

最早关于这些收藏品的资料要追溯到16世纪中期，乌里瑟·阿

橄榄枝图案的螺形杯，出自庞贝，米南德之家，公元前 1 世纪中期

尔多弗朗蒂制作了一张最有价值珍品列表，其中不仅有相关的作品描述，还记载了已知的寻找地点。在名册中，列有一些来自卡拉卡拉温泉的雕塑，卡拉卡拉温泉是古代最负盛名的温泉建筑之一，活跃于保罗·凡尼斯三世的教宗时期（1534—1549），被作为建筑皮耶罗大教堂时所需软性原料的采集场：凡尼斯大力士和拉丁大力士均出自于此，如今在卡塞塔、芙罗拉以及波莫纳皇宫里，曾被阿尔多弗朗蒂列出的珍品被集结在一个木头储藏室内，等待着被修复或者一个更合适的安置所。

除了一部分收藏来自卡拉卡拉浴场外，另外的一大部分收藏都是来自凡尼斯家族的捐赠或者从对手处没收的，像《跪着的蛮人》其中之一，就是 1541 年从阿斯卡尼奥·科罗那处没收来的。三年前，由于奥塔维奥·凡尼斯和亚历山大·德·美第奇的遗孀奥地利公爵夫人玛格丽特结婚，一部分美第奇古文物也被收纳进来，其中有原属于贵族洛伦佐的“凡尼斯杯”以及其他一些奇珍异宝。

1565 年，亚历山大·凡尼斯下令重整帕拉迪诺山上的凡尼斯百花广场，工程设计由魏廖拉完成，新建了喷泉、舞台建筑，都配以

古典雕塑装饰。亚历山大·凡尼斯去世后，收藏品被转移到帕尔马，尽管亚历山大遗嘱意愿包含了无限的期待，但最终还是免不了没落，并且凡尼斯百花广场也遭废弃。

伊丽莎白·凡尼斯与西班牙国王安茹腓力五世结婚后，收藏品转入波旁家族之手。伊丽莎白和腓力的儿子也就是卡尔洛三世，开始将图片库和凡尼斯档案都转移至那不勒斯。卡尔洛的儿子，费迪南多四世，正如上面所提到的，开始将古文物从罗马向那不勒斯转移，转移工作从 1787 年持续到 1820 年。

雕塑在转移至那不勒斯之前全部由当时最好的文物修复师进行了修复。卡尔洛·阿尔巴奇尼根据当时的实用情况，用一些较低水平的雕塑残片来修补那些更为重要的雕塑作品（比如维纳斯·卡皮丽姬娅就是其中之一），或是对其进行从头干预，加入其所缺少的部件（例如阿尔忒弥斯·艾菲希亚或者坐着的阿波罗就是采用这种工艺进行修复的）。凡尼斯的丰富收藏以及维苏威城的宝贵遗产都使得

杰森和珀里克斯，出自庞贝，Ⅲ风格，公元前20年—公元45年。马背上的亚历山大·马尼奥小雕塑，出自赫库兰尼姆歌剧院，希腊化时代晚期，源自公元前四世纪后十年

那不勒斯考古博物馆成为世界上最大的考古博物馆。

博物馆西侧楼的一层放置的是来自罗马坎帕尼亚大区的雕塑，尤其是来自维苏威地区的，例如来自赫库兰尼姆歌剧院的雕塑，还有很多来自庞贝的著名雕塑品；那里陈列有来自弗雷格拉地区的雕塑，例如那些从库玛、波佐利和拜亚寻回的雕塑；也有一部分出自卡帕——曾经罗马帝国除了首都以外最大最繁华的城市，它们曾用来装饰巨大的露天剧场。在博物馆的夹层区域，收藏的是出自庞贝的马赛克艺术品，几乎所有的作品都具有重要的意义，那些用来镶嵌地板的艺术板块曾经一度被遗弃在工地上。至于绘画部分，那种

自然之逝，出自赫库兰尼姆，切尔维家族（IV，21），IV 风格，公元 45 年—公元 79 年

撕裂其中被认为最重要和宝贵部分的艺术习惯在我们现代人看来也许有些野蛮，但仍然值得收藏，因为如果将它们留在原地的话，很可能已经被毁坏或者甚至消失了。

收藏品中包括一些世界上最负盛名最重要的马赛克艺术品，例如著名的亚历山大马赛克，一些出自农牧神之家的寓言画，还有在传说中的庞贝西塞罗别墅找到的两幅署名狄奥斯库里德·萨摩的作品。

在博物馆东侧二层，展示的是大理石和铜质的雕塑，它们曾经被用于装点赫库兰尼姆的皮索尼别墅，这栋别墅更以“莎草别墅”而闻名，还有一些来自那不勒斯希腊区和罗曼区的展品。

就在同一侧，有一个史前和原始年代展区，但目前只部分开放，

另外就是大希腊收藏品展区，不过目前正在关闭重整。

在博物馆东侧，在日晷大厅的左边陈列着庞贝古城收藏品以及一些世界上独一无二的珍品，其中包括壁画和日常工具。从那些在公元 79 年因维苏威火山喷发而长埋地下的城邑里，挖掘出了大量的壁画，就像对待马赛克艺术品那样，它们需要被从原墙壁上移走，转移方法是先开凿需拆除部分的边缘，然后在已开凿的部分塞进一只木箱，木箱里铸有石膏。这样壁画的表面就黏合在石膏上，从而将其从远处拆除；这里用来保存壁画的木箱子之后也会装裱上红黑相框作为艺术成品。

带风景图的钵，出自庞贝，米南德之家，公元 1 世纪

出于攫取和运输问题上的考虑，在选择拆除壁画时一般会优先选择那些描绘神话传说主题的大型壁画，这样就影响了对于原整幅壁画的理解，容易使参观者对古代绘画产生不准确的看法，但至少能够保存那些已经在外风吹日晒两个世纪并很可能最终失去的艺术杰作。

维苏威城里挖掘出了大量的日常用品，它们都有着或多或少的价值，向人们还原了那个年代人们的生活习惯和状态：收藏品中包括一些日常银器，彩色或单色的玻璃，镜子和其他一些洗漱用品，珠宝首饰，外科手术用具，音乐器材，兵器，供奉神像甚至有一些食品比如面包和水果，它们和主人一起被火山浆掩埋。

那不勒斯国家考古博物馆

主要馆藏

卵石画

新石器时代中期

石灰石—赭石
出自卡普里

卡普里岛上的考古遗迹发现大都来自蕨类植物石窟，经验证，人类在新石器时代中期（公元前5000年—公元前4000年）到青铜器时代确实在那里长期生活过。最初，在将其作为住所之前，那些石窟曾被看作少数干尸的墓室，考古学家们在其内部发现了一些具有特殊价值且很有趣的物件：一些绘有所谓“卡普里风格”优雅图案的精致花瓶，带有线纹图案带和红色火焰花纹、黑色镶边浅色打底的用来研磨赭石粉的磨盘和臼，大片的燧石和黑曜石，以及一些鹅卵石绘画。在最早期的艺术形态表现形式中，这些卵石画因其在红色赭石的单面或者双面进行绘画的原理而具有强烈的象征意义。从发现的一些绘画上我们可以推算出人类最早将这些石窟作为居住场所能追溯到新石器时代末期。有五个海洋白石灰质的鹅卵石，其中有三个绘画痕迹已不明显，而另外两个所幸可作为取证样本，通过重现上面描绘的人物形象，发现很可能是一名男性和一名女性。第六个砂岩鹅卵石描绘的则是一个拟人化的形象。在法国、意大利的利古里亚和卡拉布里亚也都得出了类似的结论。这些有趣而神秘的艺术品超越广阔的时空范畴而允许我们去探索它们的源起，让我们进一步去证实和传播在不同文化背景下的独特宗教概念。

盐罐

铜石并用时代——高铎文明

这个特别的陶器特点在于通过铰接的方式将两者固定在一起，而且其装饰花纹多种多样，可追溯到新石器文明时期的“高铎”文明时期（公元前3000年），得名于帕埃斯图姆北部小镇，这些陶器是从一个巨大墓场的一些墓室中挖掘出来的。这种超越坎帕尼亚大区地域的文化相带的相关见证，与当时的丧葬背景息息相关。在众多可参观的文化遗留产物当中，米拉贝拉·艾克拉诺从圣玛利亚当地的墓地里发掘了这里提到的“盐罐”。其他源于高铎文明中典型的丧葬品是一些日常使用的、大多带有图案的陶器。和金属匕首和石质器具一样，最著名的是那些“酋长”的墓室中因其礼仪的特殊性而随葬的物品，其名贵多样性均可见一斑——还有一只狗蜷曲着沉睡在干尸的旁边。高铎文明中实行的是地下墓葬，是传说中典型的“烤箱式”；人们在自然凝灰岩中挖掘约两米深的墓穴，入口处做成圆形坑，由一块凝灰岩板封闭墓口。一般来说，同放在一个墓穴里的多具干尸呈蜷缩状，或者是罕见的仰卧佝偻状。这里提到的“盐罐”正是高铎文明中最典型的随葬物品之一：它是一种连在一起的双型钵体，扁圆底形，中间连着一根支架。

奥拉花陶

前 9 世纪—前 14 世纪

厚涂彩绘陶器

出自阿里亚诺・伊尔皮诺的斯塔尔扎

奥拉，在陶器口唇缘带凸耳，根据其器身花纹加以区分，瓶身的花纹独特而复杂，是用两种不同的装饰工艺完成的。容器主体主要的代表性花纹为立体连环螺旋纹，采用特色雕刻手法完成，而唇缘和凸耳上则是用凸模冲头压出的小三角形装饰花纹。奥拉的出现，可追溯到青铜器中期第三阶段，尤其是在亚平宁成熟期（公元前 15 世纪—公元前 14 世纪），它是斯塔尔扎石灰岩山丘（海拔测量值 420 米）上被回收的陶瓷材料的一部分，该山丘位于意大利南部史前最关键的部位之一——阿里亚诺・伊尔皮诺山脉。事实上，斯塔尔扎占据一整个山头，坐落在连接贝内文托和阿伟力诺山、福贾平原和普利亚高原的自然十字路口，成为那个时代里坎帕尼亚、普利亚两个地区之间文化上的沟通媒介。这就解释了从新石器时代到铁器时代前期，当地的地理连贯性，不仅可从考古材料上而且还可从残存遗骸上印证。斯塔尔扎文档室的九叠层里丰富的陶器表明当时的经济产业主要是依赖奶制品加工以及其衍生物。稀缺的都是与羊毛制品有关的物件。

这种彩陶器是在花瓶表面还柔软的时候进行雕刻和加工，去除多余的黏土，以确定陶器瓶身空腔的形状。空腔里往往会用来放东西，这种情况下，通常还会结出白色的面垢。

闪长岩
高 46 cm
波吉亚收藏

那不勒斯皇后

第三王朝，约前 2650

“那不勒斯皇后”绝对是波吉亚收藏品中最古老最著名的埃及收藏品。波吉亚收藏的形成始于 18 世纪中期，这全都得益于红衣主教斯特法诺·波吉亚对于历史和古典的个人兴趣，接着被波旁家族购买，进而被合并到波旁皇家博物馆。今天，整套收藏都被安置在国家考古博物馆的 19 世纪收藏品大厅里。在雕塑群中有一座贵族雕塑被称为“那不勒斯皇后”，因为有很长一段时间，她的服饰，尤其是发型，被认为代表的是一个女性形象。当然，与其他博物馆或者正在进行挖掘的那些

就像这个时期所有的雕像一样，脸部有很强的表现力，脸部是典型的高颧骨，大眼睛，浓眉宽鼻，嘴部突出。

类似的雕像相比而论，越来越权威的埃及文化知识告诉我们，她毫无疑问是出身贵族的，并且生活在第三王朝，因为她身着长衫，头戴一顶齐肩的假发，这正是古老王国时期的时尚。褐色的闪长岩雕像依循着原状展现人物古老的风格特点，比如身体的轮廓紧凑地压缩在石头内部，而面部的细节像眼睛和嘴唇部位都是经过仔细雕琢的。“那不勒斯皇后”来自萨卡拉，很可能曾被放置在塞尔达某个重要人物的墓室里，他的姓名我们无从得知，所以这尊雕像也是无名的。

舍卜提匣子

第十八王朝至第十九王朝，约前 1500—前 1200

粉刷彩绘木质
高 26.5 cm，宽 42.5 cm
皮江迪收藏

舍卜提是那些摆放在墓室里的小雕像，如果必要的话，就像在《死者之书》第六章里写的那样，可以帮助人们在死后开始新的生活。它们的工作是承担一些比较重的体力作业，尤其是农活；埃及人民如此热爱他们的国家以至于他们认为天堂应该也是一样的：那里也流淌着河水，也需要去挖掘沟渠和耕作田地。在墓室里一共可以找到 401 个舍卜提，一年当中每天一个，剩下的 36 个作为多功能备用。有时，这些小雕像被装在容器里，就像图上这个绘有女用人的匣子里：主人是穆旦目雅，阿莫内的歌唱家。它到博物馆的时候，里面只有一个小雕像，但属于穆旦目雅的舍卜提收藏还包括另外的 35 个。它以长方形为基底轮廓，侧面为锥形壁向上延伸，两个短边延长至匣身上部，并从中间也延伸出两短边将顶截面均分为三块，那三小部分特征鲜明，完全由三个带有同心带花纹的弧形盖子盖住，整个形状令人想起古老佛龛的模样。在盒子一侧的长横截面上，伊西斯和奥西里斯代表着死者的存在，在另一边则是由索卡尔和内夫提斯来代表。有趣的细节是死者的红色短礼服以及她手里拿着的乐器叉铃，在两边短横截面上各绘着一对守护神。

丧葬碑碣

第十九王朝，前 1295—前 1069

石灰岩
高 81.5 cm，宽 47 cm
庞贝挖掘；1827 年收藏

丧葬碑碣，发掘于庞贝，曾经在维苏威城挖掘期间进行了系列购买、馈赠及寻回行为，它即是于 1827 年纳入博物馆核心收藏部分中微型收购的一部分作品。丧葬碑碣是一种彩绘石灰碑碣，可追溯到第十九王朝，代表着丧葬礼仪的三个横向阶段。在碑碣上部的第一段里，死者双足站立，双臂展开，以接受来自宝座席上奥西里斯、伊西斯哈托尔以及哈鲁斯众神所给予的荣耀。在他的身后，是一列象形文字，写的是他的头衔和姓名：“两地上主的抄写文士，回。”在中部，是净化仪式，其父母也在跟前。在底部，我们可以看见他坐在妻子奎的前面，妻子的名字也写在其身后的位置，他们在接受牧师的教诲。这三部分一起被裱在一只彩绘框里，其中还包含一些象形文字篇章，以提供给神灵，这是这一类碑碣的典型特点。

闹佛罗·凡尼斯——瓦伊不拉·玛丽奈特雕像

第二十六王朝，前664—前525

玄武岩
高97.5cm
凡尼斯珍品
1803年收藏

闹佛罗·凡尼斯，以它极为光滑的玄武岩质地，严谨到连背部的脊椎都很考究的结构，以及它面部展露的神秘微笑，瞬间打动了观察者。这些特点可以追溯到赛特时期的雕塑风格。“赛特”得名于城市萨伊斯，是第二十六王朝（公元前664年—公元前525年）的首都。这尊雕像代表着“高贵，皇族内部，国王的密友，双冠之家的领导者，荷鲁斯的牧师，贝区的首领，内部警司，瓦伊不拉·玛丽奈特，塔克雷奈特的儿子”。

跪着的人物手持刻画着神灵奥西里斯形象的纳奥斯。奥西里斯带着古典女神哈托尔护身符的项链向神界祈祷。这尊雕像是埃及古典珍品中最早纳入那不勒斯收藏的作品之一，其实自1803年起就有记录其库存情况。我们知道，在此之前，是由波旁卡尔洛三世在1731年其母伊丽莎白·凡尼斯去世后所继承的；其实从1644年起，雕像就安置在罗马百花广场的凡尼斯城堡内。对于购买的时间，让我们来想象一下，雕像也许是在一些巴洛克式教堂建设期间被发现的，因为这些教堂建立在一些罗马女神伊西斯的古神庙之上，所以它们被古罗马人带到了埃及。

贝兰泰碑碣

前 6 世纪

砂岩雕刻

高 175 cm，宽 78 cm

出自贝兰泰；1875 年收藏

该碑为葬礼石碑，于 1875 年在伊塞尔尼亚省的贝兰泰发现，呈卵圆形，在砂岩上雕刻而成，在石碑的中央位置刻有死者的浮雕图像，周围环绕的是螺旋纹，从左侧开始亦随着第二行的开始而结束在开头的地方。石碑的起源可以追溯到公元前 6 世纪，值得一提的是男性形象——著名的战士卡佩斯特拉诺。其特点是极具风格的五官轮廓，它展示的是一个赤身裸体的男性形象，根据解剖学的限定表示法，面部、胳膊在胸脯平行处衔接，双腿微微分开，对头部和躯干的轮廓处理都遵循透视图原则，这是更加古老的习俗了。

石碑上也包含一些关于死者的描写，刻有他的名字——特提斯·阿里奥斯，一系列关于他葬礼的指示，以及象征意义。文字采用的是萨贝利语——一种变化的斜体文字，使用在亚得里亚海前亚平宁一带，范围包括艾希诺和佩斯卡拉河域。它是这种文明最古老的见证之一，展示了当时土著人的文化和对于希腊字母的演变与使用，它整合并渗透进伊特鲁里亚文明，以图形的方式书写自己的语言。

赫拉克利亚表

前 4 世纪—前 3 世纪

青铜器
124.5 cm，184.5 cm
1732 年收藏

这两个青铜质表，只有其中一块是完整的，它们是 1732 年在萨兰德雷拉水域河滨被发现的，文字记载着在古赫拉克利亚关于修复雅典娜·坡里亚斯和酒神圣所所在地的相关措施，那几片领土曾被外来民族非法占用。

五名特殊裁判官被任命为工程负责人，在公元前 4 世纪末期到公元前 3 世纪初期之间的两年里进行修复工作。一名审计测量师被从尼玻里斯请来进行相关地段和地块的评估工作，从而确定不同的合同模式：最好的地段用于葡萄园和橄榄园，五年一租；而那些被废弃的地段，因为需要更多的重体力活，则采用长期租赁的模式，即以较低的费用租赁给个人一生的时间。这些土地都配备水渠和内陆水道，精确的土地描述使得研究学者们能够推断出其款式地形。引出租户姓名的是一些符号，比如三脚架，可能与代表家庭团体的图章相关。由于《儒略市政法》的颁布，完整的板坯在罗马时期被得以重新利用。

在前几行提到了斯巴达五长官之一达奇摩斯——最高等级的裁判官有权给所处年份定名。这里面所提到的长官和其他地方提到的不太一样；而两圣所所在地的修复则发生在不同的年代。

帕列帝无作为法

1 世纪

大理石
119 × 42.5 cm
出自波佐利（那不勒斯省）

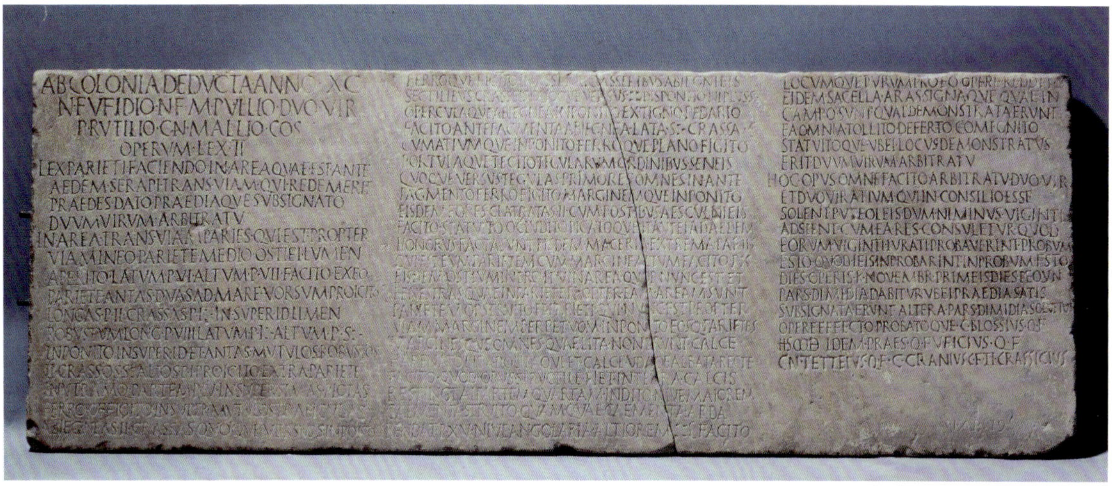

前几行提供了一些关于文件资料获得年份的因素：其实包括关于自殖民以来的年代数，XC（90），并提到了一些当值裁判官的名字。

这块碑文是我们从波佐利（或布丢利）获得的最古老的文字。碑文镌刻在大理石上，内容是一份签署于公元前 105 年的承包合同，是关于在塞拉比斯神庙对面的墙壁上打通纪念之门的。我们可从碑文中得知一些关于城市管理条例的重要信息：裁判官和参议员可以自由处置用于城市管理和公共设施的资金，尽管这座城市从公元前 194 年就被罗马殖民占领，但这一点与罗马相比仍显示出更强的自主性；裁判官在任期间有以自己名字给所在年份命名的权力，这一条也适用于同时期所颁布的其他公共举措。该碑文首次证明了在意大利半岛上曾有对东方——埃及神祇塞拉比斯的信仰。塞拉比斯神殿由波佐利商人，或是

此地的亚历山大驻守人员实施建造，这证明了他们在公元前 2 世纪对于地中海域商业流通的深度渗透：至少从第二次布匿战争开始，它的港口就一直保持活跃直到公元 4 世纪，这为罗马的水稻产品和贵重物资的供应打下了重要基础。

西巴里斯的斯塔特

前 540—前 510

“硬币”，从技术上来定义为“斯塔特”，是一种重 8.32 克的银质货币，由西巴里斯铸币厂于公元前 540 年至公元前 510 年间打造。它是通过一种叫作“铁砧铸币”的特别工艺，这种技术只在大希腊采用，在一些人看来，它是为了适应金属悬挑式加工而诞生的。这种钱币的金属饼两面采用的是唯一的图案（类型），分为正反两面，图上这款正面是一只转向身后主人的凸起金牛的图案，在它下面印着读作“SY”的字样，代表着西巴里斯权威发行者的姓名；在反面，同样的图案则是

银，8.32 克

以凹陷的形式出现。其所采用的测量系统俗称亚该亚法，是以一个重为 8.06 克的个体为参照，明显低于同时期所使用的科林斯和埃维昂——雅典的复式系统。

由于古时的金银货币，不像青铜，都是有真实价值的，于是，那些发行货币的城市，都采用一种减重系统，可以进行卓有成效的投机活动；事实上，通过与更重的外国货币持有人进行交易，能够获得比自己发行货币时所用的银子更多的回报。

金玺诏书

前 1 世纪末期

带有金银丝装饰的金箔
6.5 cm
出自庞贝，米南德之家；1930 年收藏

金银线装饰早于公元前 2500 年至公元前 2000 年期间就已经在爱琴海地区被使用；它是用极细的金线通过编织和焊接在一起而构成花纹，当时的金线大都用来制作金箔片，或者用于一些不采用金属片的情况，打造出“日常”刺绣的效果。

金玺诏书，是罗马人从伊特鲁里亚文明中承袭下来的物品，和其他那些出生廉价的孩子们不一样的是，它一直被紧紧抱在怀里直到官方认定正式成年那一刻：在那时，只有在节日典礼上，才会被放到家神的神龛——一种家用神庙，用来供奉家庭的守护女神，届时，人们穿着英气的长衫。这种出色的金质物品，是 1930 年在庞贝米南德之家发现的珍宝的一部分，它的起源要追溯到公元前 1 世纪。它是由两片直金属瓣膜组成，具有透视镜的特点，在上端有一个用于固定的矩形闭合扣，局部带有凹形雕刻滚花，中间穿过一根带有坚硬支撑的金线，滚花部分是由机床完成加工的。拉链的封口是一串插进装饰有小珠子的小三角片的小钉子，其中有三个仍在收藏之列。夹片中间是一根纵向的麻花辫，两边各有一条一模一样但是很细的麻花辫，在瓣膜的连接处也有花边图案；在整体的边缘都刻有麻花图案。花纹装饰都是由金银丝制成，其所使用的工艺直至今日也基本没有什么变化。

金
30.88 克
出自庞贝

奥古斯都金币

前 9 世纪—前 8 世纪

金币反面仿真复制了西西里赛杰斯塔神殿里女神戴安娜的雕像：女神曾帮助奥古斯都在公元前35年的瑙洛库思战役中打败了塞克斯特斯·庞培，赢得了最终的胜利。

这种金币，重 30.88 克，是现存唯一样本，因奥古斯都的图章标志而闻名。正面是奥古斯都左侧脸的半身像浮雕，他头戴一个月桂枝花环，四周一圈刻有“CAESAR AVG VSTVS DIVI F PATER PATRIAE”字样；在金币反面的正中是女神戴安娜身着束腰长衫，身上从右向前披着波罗什，她左手从箭筒里拿出一支箭，右手则握着弓，下端刻记文字“SICIL”，两侧则刻有“IMP XV”字样。该金币于公元前 9 世纪至公元前 8 世纪之间铸造于里昂的卢墩奴姆，价值等于四百个古罗马小银币。

君主的肖像伴有头衔“国父”，也就是一国之父，奥古斯都想以此提醒罗马人是他给人们带来了和平：就在腥风血雨的内战时代之后，这是最常使用的帝王宣传图案之一，借助的正是货币作为广泛流通工具的这一优势。金币上的文字提到帝国第十五年，可以推断出金币发行的时间即奥古斯都公元前 23 年。至于金币被找回的其他信息却无迹可寻，只是知道它于 1759 年在庞贝被发现。

一对金手镯

前 2 世纪—前 1 世纪

金箔品
雕刻装饰，直径 10 cm
出自庞贝，农牧神之家

蛇的头部采用完全仿真雕刻法，眼睛中用玻璃膏或者半宝石材质的微型珠子衬托出爬行动物的特点，不幸的是半宝石已经丢失了；它的嘴巴半张着以让人们可以看到里面的牙齿和舌头，舌头是用极薄的金属箔制成。

这一对精致的金手镯出自庞贝的农牧神之家。它们是由黄金丝带巧妙地在头和尾部绕成的V字形状，为了能够做成精确自然的蛇状，黄金表面刻有密集蛇皮花纹并且缠绕了两圈。

蛇形手镯，无论是最简单的螺旋形还是更加简洁的双头相对的圆圈形，其灵感都来源于希腊化的传统，而且人们时常也用银和铜来制作。根据维苏威地区的取证显示，蛇形手镯广泛流行是因为蛇缠绕的天性而将其作为手镯缠绕在手臂上，而这并不是全部原因，实际上，蛇是生育能力的象征，具有宗教上的意义，关联对于伊西斯和酒神以及健康女神比如阿斯克勒庇俄斯和海捷亚的敬仰；因为具有驱邪的价值，所以它们时常出现在家庭神龛里以给家庭带来好运气。最古老的样本，比如这些出于农牧神之家的手镯藏品，都很接近希腊化款式，其黄金杆比较扁平；然而，那些最新的样本则呈圆杆形，实心或者空心的。

金、翡翠和珍珠母
34.5 cm
出自庞贝

翡翠及珍珠母装饰的金项链

前 1 世纪末期—1 世纪

那些名贵的宝石除了它们固有的资本价值以外，在古代还具有魔力驱邪的价值。尤其翡翠的绿色很受推崇，它们来自埃及，经常被用作项链、手镯、戒指以及耳环的装饰宝石。

在坐落于庞贝港口区的一栋别墅里，一条价值连城的项链被考古学家发现，它精致的款式证明了古代工匠们的超俗技艺。它是一条带状四排针的金项链，以祖母绿和珍珠母宝石交互点缀，为项链增加了色彩与活力。因为军事大捷的消息扩及了东方的土地，对于名贵珠宝和宝石的热情在整个罗马世界蔓延。逐渐地，人们对于珠宝，尤其是对黄金的品味发展为追求明艳的色彩效果。

老普林尼强调，道德上的腐败是由黄金、宝石和香水助长起来的，来回忆一下洛丽亚·鲍丽娜，曾深受国王卡里古拉的宠爱，她提出要在订婚宴会上铺上总价值四千万两黄金的珍珠和翡翠（在那个时代，一名军人一年可以挣得 900 两黄金）。那时的罗马社会已经高速发展并吞并了东部领土，同时在帝国内传播新式服装；在古时，对于妇女死后穿戴珠宝的数量是有限制的，但此时已然与此严格的共和传统相去甚远：在帝国时代，穿戴珠宝成为一种彰显自身财富的有效且迷人的方式。

跪着的野蛮人

奥古斯都时代作品

孔雀尾大理石和古董黑

高 162.5 cm

出自罗马；凡尼斯收藏

孔雀尾大理石，因其特色的暗紫色纹路，经常被罗马人用来指示所代表物体的地理发源地；我们可以在图拉镇广场上找到一些庆祝皇帝战胜帕提亚民族的雕塑，以及两座野蛮人单膝下跪，撑在底座上的雕像，它们都是用孔雀尾大理石雕刻完成于奥古斯都时代。

据推测，事实上，这两座野蛮人的雕像，和另一座同系列的雕像曾被保存在哥本哈根，原本人物的膝盖是支撑在一个金属三脚架上的，以庆祝奥古斯都打败帕提亚人（伊朗高原上的古老民族），这格外让人想起公元前 20 年的著名历史事件：在卡雷战役中，帕提亚人向罗马人归还了军事奖章。同样的野蛮人的姿态，跪着的状态，强调了他们对于帝王的顺服，而斗篷的色彩和立体感的选择则加强了公众对于雕像人物的情感冲击力，从而进一步凸显奥古斯都的伟大。

孔雀尾大理石，也被称为弗里几亚大理石，突出东方人的野蛮，从服装尖帽（弗里几亚帽）和裤子（紧腿裤）均有显示。自从它被发掘以来，就被展示在帕拉迪诺山上的凡尼斯百花广场，那里有美丽的植物，它就被安置在有楼阁喷泉的美丽风景之中。

持矛者

泰伯利亚时代

白色大理石

高 212 cm

出自庞贝萨尼特健身房；1797 年收藏

该雕像作品于 1797 年在庞贝的萨尼特健身房里被发现，最初它是被安置在一个底盘上的。

这是古代最著名的雕像作品之一的一个仿制品，在众多的仿制品中，那不勒斯的这件大理石复制品最为完好。原雕像是希腊雕刻家伯利克雷托在公元前 440 年以铜为材料雕刻完成的，被认为是人体之美与和谐的最高典范：它是人体比例分析的完美成果，成为随后所有希腊雕像的模板。

“持矛者”的身体各部分比例都很精确，四肢根据交错法（也就是交叉）排列分布：因为腿部收缩而收紧的一侧肌肉凸显了头部的线条；左足向后微微弯曲自然点地，而持矛的左手则置于身体前侧，好像一名正边走边休息的运动员。持矛者的形象通常被解读为英雄阿喀琉斯，代表了年轻勇敢，因此我们也就不奇怪为什么会在庞贝的健身房里发现他了。

阿芙罗狄蒂·索桑德拉

2 世纪

白色大理石
高 183 cm
出自拜亚，温泉浴场；1953 年收藏

说起古典之源，总让人联想到希腊雕刻家卡拉米斯的 12 件著名雕刻作品，其中的一件就是阿芙罗狄蒂·索桑德拉（她拯救了人类），完成于公元前 470 年至公元前 460 年，由锡伯尼库斯之子卡里阿斯建立在雅典卫城的门前广场；作家卢西亚诺曾说该雕像很神秘，面带“纯粹而可敬”的微笑。

经证实，在罗马时代，其希腊原始雕像出现了很多复制品，雕像描绘的是一位年轻的女子，全身都被斗篷包裹而只露出脸部，身上长袍的褶皱处显露出她的左手，微微伸向身体前方。其原作是青铜质的，很好地突出了斗篷光滑表面与长袍密密的褶皱之间，以及脸部的光滑清晰与斗篷空腔的黑暗之间的明暗对比。它如此出名以至经常被用来作为肖像雕像，就是通过头部肖像去替换原作的头部。

这件大理石的复制品是 1953 年在拜亚的温泉浴场内被发现的，被放置在宁芙歌剧院上方大厅的拱门下。其实，这座雕像似乎只是被雕琢了，但并没有完成，也许是因为某块大理石的缺陷而使得作者放弃去完成它。

提庇留的半身像

1 世纪

大理石

凡尼斯收藏

“他的体格硕大而强健，高于平均身高，肩膀和胸部宽阔，身体各部分比例匀称，一直到他的脚底……他有着明亮的肤色，头发垂到颈背处几乎要盖住了脖子：这是一种遗传特征。他有着一张贵族的脸，会突然冒出很多的小疖子。他的眼睛很大……”罗马史学家苏维托尼乌斯用这些精准的描述来形容皇帝提庇留的外貌，他是一位极具争议的君主，但毋庸置疑的是他与生俱来的政治与军事能力。在所有可能的继承人都死了之后，他成为奥古斯都的最终继承人，在公元14年至公元37年统治着罗马帝国。

这个大理石半身像，最初属于凡尼斯家族，随后与其他收藏品一起传给了波旁家族，雕像展示的是头部微微向左转的提庇留的半身形象。雕像中刻画的皇帝提庇留大约30至35岁，在此期间，他与奥古斯都的女儿朱丽叶进行了婚礼，并且实施了最初的几次在伊利里亚和德国的军事行动。他的脸很小，呈三角状，薄嘴唇，嘴唇紧闭。虽然鼻子部分经过修复，但我们仍能看出他应该有一个高挺的鼻子。浓密的头发鬈成一绺绺的小卷。那些停摆在前额的头发几乎是呈燕尾状排列的。

所谓的阿格莉皮娜

弗拉维安年代

大理石

高 128 cm

出自罗马，帕拉迪诺山；1500 年凡尼斯收藏

罗马人经常用希腊杰作中描绘神祇的复制品，通过插入皇后或者贵族女性的头像这种方式，来制作庆祝或丧葬典礼的肖像雕塑。最受欢迎的作品之一是阿尔卡美涅斯（是同时期菲迪亚斯的对手）的《阿芙罗狄蒂》，于公元前 430 年至公元前 420 年为雅典卫城的爱神和阿芙罗狄蒂神殿所雕刻，它被安置在一个神圣的小树林里。原作曾被运至罗马并安置在奥塔威亚门廊里，老普林尼曾赞赏阿芙罗狄蒂的超凡美貌。

这个雕像名字叫“所谓的阿格莉皮娜”，起源于其中一件复制品，只因其头部是模仿《小阿格莉皮娜》——尼禄皇帝母亲的雕像。在这种情况下，它刻画的是弗拉维安年代皇后的通用肖像，典型的小鬈发，复制者赋予其一种满足的姿态，双手盘在腹部，然而，在原作中，女神是坐着的，左胳膊搭在躺椅的背面而右手则自然下垂在膝盖上。雕像于 1500 年在罗马帕拉迪诺山上的凡尼斯百花广场上展示，凡尼斯百花广场是魏廖拉设计的众多花园与楼阁的建筑群，用来摆放古典雕像。它曾被安置在门廊下，面对着另一座同一主题的女性雕像。

朱庇特的巨型躯干像

1 世纪末期

希腊大理石
高 280 cm
出自库玛；1758 年收藏

在 1637 年至 1644 年之间，西班牙总督 D. 达米罗·顾西曼在进行庞贝挖掘的时候，于库玛城发现了一座白色大理石的躯干像。这座躯干像的巨大程度令人叹为观止，因此被取名为“巨人”，就这样，安置它的农庄也成为“巨人的农庄”，还有通往平民表决广场的斜坡也开始被称为“巨人之坡”，在 1807 年之前，躯干像完成修复还没进入皇家博物馆展出的那段时间，它就是被安置在平民表决广场的。

这座雕像刻画的是朱庇特的形象，最初它和密涅瓦、朱诺的雕像一起被安置在卡皮托利蒙神殿内一个很高的底座上，神殿里供奉的是保护罗马以及罗马人民的守护神，它就坐落在库玛城广场的西侧。雕像中的朱庇特坐在宝座上，波浪卷的头发和胡子，躯干半裸着，腰上裹着一张宽松的斗篷。在他的右手里握着神祇的象征——闪电，右手则撑着一根很长的棒子直抵地面。这个躯干像可以追溯到公元 1 世纪末期，它现在只剩下一个巨大的躯干了，身体上裸露的部位都是大理石，其他部位则是用砖石、木头以及一些易腐蚀的材料砌成，因此这些部位常被用彩绘或者精心挑选的服装和饰品覆盖住。

坐着的阿波罗

2 世纪

斑岩石
高 207 cm
1546 年凡尼斯收藏

白色大理石的七弦琴是在雕像从那不勒斯转移到罗马之前由 C. 阿尔巴奇尼完成的。描绘的是典型的音乐之神阿波罗。在她的伴随下，上帝才得以领导缪斯的合唱团在一次音乐中打败挑衅的森林之神西勒诺斯。

它由奥塔维奥·凡尼斯于 1546 年连同其他一些萨西家族雕塑一起购得，在进入那不勒斯之前，它被安置在罗马的凡尼斯宫殿里。起初，阿波罗的铜雕原有青铜质的头部、手足，但也许是在运输至那不勒斯途中毁坏了，之后便由 C. 阿尔巴奇尼用大理石雕刻进行了重新加工和替换。同样，雕像中的竖琴，作为典型神性象征品之一，也是现代文物修复的成果。阿波罗的身体，很长一段时间都被误以为是某个罗马女神的形象。雕像中的神坐在一块岩石上，身着一件在胸部下束紧的长袍。事实上，雕像本意是想展示一个七弦琴演奏者阿波罗，一位光明之神、音乐之神和诗意的灵感之源，随后，在哈德良年代应哈德良皇帝的要求，制作了一些复制品以装点一些公共或者私人的建筑。

值得一提的是，雕像最大的亮点在于阿波罗的身体，他所坐着的岩石和底座都是斑岩石材质，一种红似火的石头，尤其尊贵，具有不凡的象征意义。斑岩采石场位于埃及，且是罗马皇帝们的专属财产。

白色大理石
高 210 cm
出自圣玛利亚·卡普阿·韦太雷；1750 年收藏

卡普阿的阿芙罗狄蒂

哈德良时代

阿芙罗狄蒂卷曲的头发被从中间分开，向后梳成一个发髻，在前额上部戴着一只发箍；无论是从发型还是发饰看来，都是罗马复制者根据希腊原作模仿变化而来的。

拉丁语写道“Urbs maxima opulentissimaque Italiae”，意思是意大利最大最富有的城市，西塞罗就是这样定义卡普阿城的；城里有一个雄伟的露天剧场，是古代仅次于斗兽场的第二大露天建筑，起初，里面装点着成百上千的雕塑作品、浮雕以及珍贵的彩色大理石。它始建于公元 2 世纪初期，就在曾经著名的角斗士斯巴达克斯演出的露天剧场的

那块土地上，在罗马帝国灭亡之后，它仍然被使用到公元 9 世纪。在这几百年里，剧场被用作采石场，直到 1826 年，波旁弗朗切斯科一世颁布法令结束了这一古老漫长的剥夺史。在 1750 年的挖掘工程中，这座阿芙罗狄蒂雕像被发现：女神左脚轻轻抵住地上的一只头盔，描绘的是她正用战神的盾牌照镜子的姿态。

根据文学资料以及古钱币上面的意象显示，这很可能是一件模仿科林斯卫城上阿芙罗狄蒂神像的复制品，可追溯到公元前 4 世纪后半叶。它和另外两尊雕像——也就是赛琪卡普阿和阿多尼斯一起，是唯一幸存的可以作为古罗马梯形建筑群门廊的贵族装饰的元素，也就是可以被安置在阶梯的最高处，就像它们被展示在一个哈德良时代希腊雕塑复制品博物馆里那样。

维纳斯·卡皮丽姬娅

哈德良时代

大理石
高 152 cm
出自罗马；凡尼斯收藏

图中雕像名为“维纳斯·卡皮丽姬娅”（意为有着美丽的臀部的女人），是在多莫斯·奥雷亚的凡尼斯宫殿被发现的，它被安置在宫殿的哲学大厅中央处，大厅里还收藏着很多其他的雕像和画作，彰显智慧与美貌对比的主题。雕像的核心特点就是性感，它的出现决定了博物馆神秘收集的短时间停歇。雕像中的少女微微向后转过头，同时撩起长袍以裸露自己的下身；我们可以认为这也许是用来装点壁龛或者喷泉的作品。

卡皮丽姬娅的昵称源于一个错误参考，是关于希腊大作家的一个小故事，讲述了曾提出在雪城建设维纳斯·卡皮丽姬娅庙宇的两姐妹，她们为了比较彼此的美貌，就叫了一位年轻人来评断，不料两姐妹却同时分别爱上了这位年轻人以及他的一位兄弟，因此她们想要建造神庙来感谢女神赐予了她们美好的爱情。

事实上，这尊雕像并不能重现庙宇中的神像的气质，却可以归类为另一种类型的雕像。她的创作灵感看起来是源于舞者的意象，完成于公元前 1 世纪中期前后，来自铊亚洲学派。这件罗马的复制品要追溯到哈德良时代，并且已经过修复；她的躯干和头部其实是由阿尔巴奇尼完成的，他赋予了整个形象以极致的性感。

阿尔忒弥斯·艾菲希亚

2 世纪

雪花石膏
高 203 cm
凡尼斯收藏

这尊雪花石膏身体的女神像，脸部以及手足为青铜质，是阿尔忒弥斯·艾菲希亚的伟大神殿里一座供奉神像的复制品，位于小亚细亚地区。在莉迪亚远古王国时期的小亚细亚城里，对神祇的崇拜普遍存在甚至过分吹嘘自亚马孙时期起的古老神话传说。对于女神的忠诚敬仰也一直延续到了罗马时代。

无从得知此雕像的出处，只知道它是罗马帝国时代的作品且并得不到凡尼斯家族的青睐。雕像塑造的是一位孕育之神的形象，她是万物生灵和自然的守护者，根据肖像的结构可证实是希腊化时代的杰作。她的头部被一个圆形光环环绕，光环上装饰有狮鹫头形象，在头顶处有一只高出光环的圆塔形无柄大广口瓶。接下来，女神的长袍装饰才真的让人叹为观止。她身戴女性特点的服饰和星座狮子座、巨蟹座、双子座、天秤座以及射手座的胸饰，在胸口处由一个花环圈定。她的腹部由不同大小尺寸的乳房填满。长袍的下半部分围住腿臀部，被分为许多层，每层里都填满了各种动物和精灵的半身小像。微微伸出展开在身前的双手似乎捧着一条长丝带。当雕像与其他凡尼斯收藏品一同被运至那不勒斯之后，青铜质的手和脸部经过了 G. 瓦拉迪耶的修复，而其光环和头饰则是由 C. 阿尔巴奇尼进行了整合。

狄俄斯库里兄弟之一

2 世纪

大理石
高 280 cm
出自拜亚

这座巨大的雕像刻画的是狄俄斯库里兄弟中的一个，“狄俄斯库里”的希腊语的字面义为“宙斯之子”。二子分别为卡斯托耳和波鲁克斯，根据神话传说，他们分别是母亲斯巴达王后勒达与斯巴达国王汀达柔斯、宙斯所生的。众神之父宙斯为了能与王后勒达结合被迫化身为天鹅，于是这两兄弟就以天鹅蛋的形态出生了。兄弟俩一个是敏捷的驯马师，另一个是无敌的拳击手，在斯巴达、阿尔戈以及西西里的多利安殖民地十分受到爱戴。他们一起乘阿耳戈号去远征，参加了卡吕冬狩猎寻找野猪，并一起对抗雅典的忒修斯救出了妹妹海伦。兄弟二人受邀参加吕西普斯女儿们的婚礼，并决定将两个女儿劫走，然而东窗事发，在抢夺战中，卡斯托耳被杀死并留在了冥界。宙斯赐予波鲁克斯不朽之身，令其可与弟弟分享，使两兄弟可以轮流生活在冥界和奥林匹斯山。

这座狄俄斯库里兄弟之一的雕像被发现在拜亚的司徒福·尼禄温泉浴场内，位于维纳斯神殿附近，它根据伯利克雷托的架构摆出特定的姿势，其右腿直立而左腿向后弯曲。不同的是，他的左臂伸展拿着一把剑，而右臂很放松地拿着马的缰绳，马的形象可从底部的半身像中认出。这座雕像可追溯到公元 2 世纪，其灵感多半来自在那之前的古老雕塑品。

凡尼斯大力士

塞维鲁时代

大理石
高 317 cm
出自罗马，卡拉卡拉浴场；凡尼斯收藏

这座雕像被发现在卡拉卡拉浴场的温泉浴间，起初它被安置在另一座相同主题雕像“拉丁大力士”（现今被收藏在卡塞塔皇宫里）的对面。毫无疑问，这两座雕像在温泉浴场内的功用就在于强化人们对于帝王庄严辉煌形象的想象。

它一开始被展示在凡尼斯宫殿的庭院里，于 1787 年被转运至那不勒斯，尽管有一些知识分子比如歌德对此举提出抗议，认为这是罗马城艺术的一大损失。它被认为是公元前 320 年前后的一座青铜像在塞维鲁时代的一件复制品，留西波斯作品，亚历山大的官方肖像，因其卓越的现实主义效果而闻名，大力士身体的肌肉线条的精致逼真即体现了这一点。它描绘的是大力士英雄赫拉克勒斯刚刚结束他的一场战斗之后疲惫的样子：摘取赫斯珀里得斯圣园里的金苹果。这位英雄靠在长棍上，将其夹在左腋下，低垂着头，只有他身上强大的肌肉表现着他原本的强壮。这和普遍意义上活跃与强悍的英雄形象相去甚远；亚历山大大帝的死亡和他政治梦想的沉落已经强烈撼动人民对于英雄形象的假想，这座雕像的与众不同则进一步揭示了自古典时期以来的理想英雄形象的巨大变化。

在他放在后腰的右手里，捏着三只从赫斯珀里得斯圣园里摘得的金苹果，赫斯珀里得斯是日落女神。根据神话传说，金苹果是大地之母送给赫拉和宙斯结婚的礼物，它被种植在遥远的西部岛屿，太阳落山的地方。

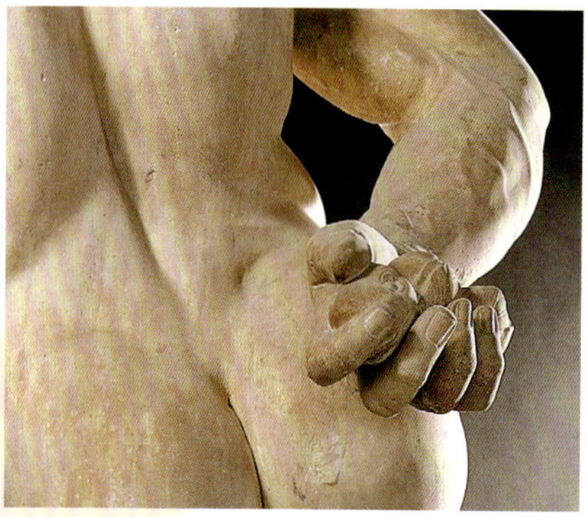

雕像被发现的时候没有腿，后来由凡尼斯家族的一位雕塑家古力尔莫·德拉·博尔达对其进行重建，他曾在罗马受米开朗琪罗的委任在圣彼得完成了保禄三世墓的工程。他的修复十分出色，尽管后来丢失的双腿被找回，但还是决定保持他为其重创的双腿。

赫拉克勒斯靠着长棍的露头岩礁上，可见碑文“Glykon Athenaios epoiesen”（格力昆斯刻于雅典），雅典雕刻家格力昆斯落款，因此，他应该就是该作品的原作者。

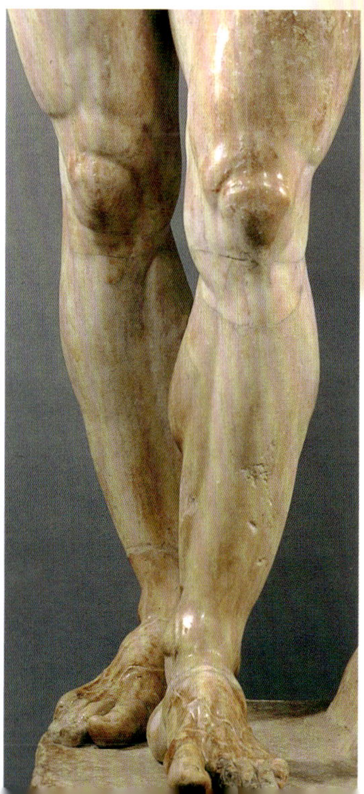

凡尼斯金牛

塞维鲁时代

大理石
高 500 cm
出自罗马，卡拉卡拉浴场；凡尼斯收藏

1545 年，在卡拉卡拉浴场——这个建于公元 212 年至公元 216 年之间的宏伟浴场建筑的健身房内，发现了一座巨大的雕塑，至今仍被认为是古代保存下来的最大的雕塑群像。米开朗琪罗曾被授命为这个雕塑群寻找一个合适的安置场所，按照他最初的计划，这座雕塑本应是被转移到了凡尼斯宫殿花园的喷泉里。它于 1788 年被运至那不勒斯，被用作装饰基亚亚皇家别墅的一个喷泉，在 1826 年才被收藏到博物馆里。

雕塑刻画的是安非翁和泽图因报虐待母亲安提厄普之仇而对蒂尔斯进行惩罚的场景。老普林尼在他的《自然史》中阐述说，这一幕在阿波罗尼奥斯和塔乌里斯科斯于公元前 2 世纪末期在罗迪岛所创作的雕塑中得到了证实，后来这个雕塑被运至罗马，归恺撒的朋友阿西纽斯·波利奥所有。而关于《凡尼斯金牛》的起源长久以来一直颇有争议，在部分人看来，它是两位雕塑家所创作的原作，在另一部分人看来，它是公元 2 世纪前的一件罗马复制品。关于雕塑主题的含义，最具启发意义的假设要参阅佩加蒙的两代——欧迈尼斯二世和阿塔琉斯二世，他们曾给祖国的敌人加拉太以沉重的打击；因此，推断这是专门庆祝军事胜利的纪念物。《凡尼斯金牛》超常规的尺寸使它象征着权力和奢华。

安非翁和泽图在牧师的启示下认回了母亲安提厄普，并因为蒂尔斯对母亲进行的残忍虐待而对其进行可怕的惩罚。多次的文物修复已经部分地改变了主人公的姿态：其实原来是泽图拉着蒂尔斯的头发，而雕塑中的女子则绝望地回转过头。

安提厄普，宙斯的爱人，生下了一对双胞胎，即安非翁和泽图，并将他们丢弃在基德隆山上，由一个牧羊人抚养长大。她自身则被叔叔——皮奥夏的国王利克斯及其妻子蒂尔斯像奴隶一样对待，有一天她逃跑的时候在基德隆山上遇到了自己的儿子，而他们正奉蒂尔斯之命去杀害自己的母亲，母子相认之后，他们为给母亲报仇而将蒂尔斯活绑在一头恼怒的金牛上。

雕塑所讲述的神话事件发生在基德隆山上，那里是很多幕神话传说故事的发生地，比如赫拉和宙斯的婚礼就是在那里举行的。人们在那里为纪念神祇狄俄尼索斯而狂欢，而蒂尔斯则曾是狄俄尼索斯的女祭司。

凡尼斯的安提诺乌斯

哈德良时代

大理石
高 200 cm
凡尼斯收藏

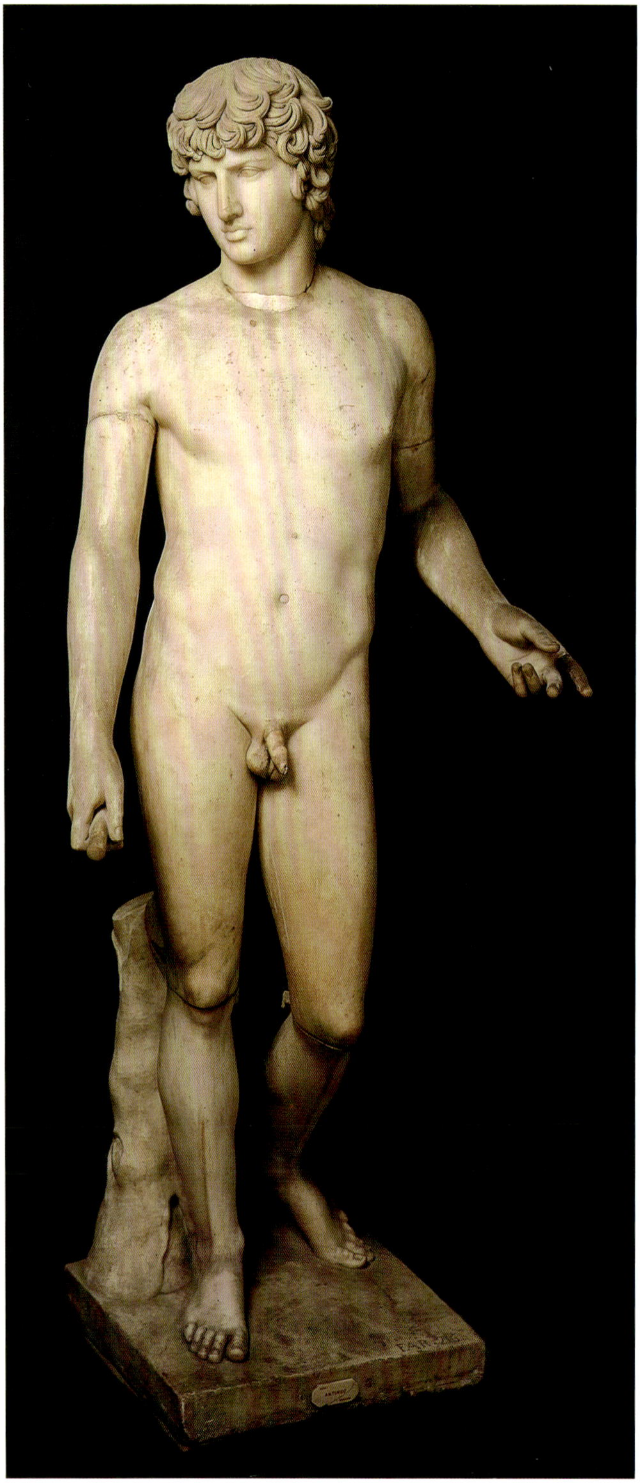

哈德良皇帝在公元117年至公元138年期间统治罗马帝国，他激烈地爱着他的情人安提诺乌斯，一个以出奇美貌闻名的少年，他来自小亚细亚的北部海岸区比西尼亚的克劳迪奥波利斯城。然而，公元130年，在一次随皇帝出行的途中，安提诺乌斯很神秘地溺死于尼罗河中。历史学家卡西乌斯迪欧指出，安提诺乌斯是为爱人而牺牲的。他死后被哈德良皇帝奉为半神。为了大规模深切缅怀安提诺乌斯，哈德良在情人溺死的尼罗河的右岸建造了安提诺乌斯之城。另外，哈德良还为其建造庙宇，将11月27日定为节日举行比赛以庆祝他诞生的日子。对于安提诺乌斯的崇拜随着哈德良皇帝的去世而终止。

这座雕像的发现地无从得知，它被作为凡尼斯收藏之一运至那不勒斯，它根据古典雕刻的原则将安提诺乌斯刻画成一名年轻的运动员。作品中的青年全裸着身体，头部转向右侧。经过抛光的面部，浓密的头发，无体毛的胸部和阴部以及柔软的肌肉都明确强调着少年的年轻。凡尼斯的安提诺乌斯是各种不同的男性裸体雕塑中最具有代表性的作品之一。它的大腿部、胳膊以及局部头发处曾经过人工修复。

弑僭者

哈德良时代

大理石

高 195 cm，203 cm

出自提沃利，哈德良别墅；凡尼斯收藏

公元前 514 年，在泛雅典娜节日期间，两个雅典的贵族哈尔摩丢斯和阿里斯托革顿试图弑杀暴君皮西斯特拉图斯的儿子们：结果只有喜帕恰斯被哈尔摩丢斯刺杀，他自己也当场被卫兵杀害，而他的同伴则被逮捕送至卫城进行审判和处决。四年后，雅典人们为了庆祝摆脱暴君的统治，建立了一座青铜像群以纪念他们。在波斯人占领阿提卡期间，雕塑群曾被波斯王薛西斯掠走并带到了苏萨。

之后雕刻家科里提奥斯和内西奥德斯又建造了另一组雕塑群来纪念弑僭者，它们于公元前 477 年被安置在阿戈拉。展示在那不勒斯博物馆的是罗马时期（公元 2 世纪）希腊原作的一件大理石复制品，它们是哈德良别墅在提沃利最好的收藏品之一。这两位从暴政下解放了雅典的英雄形象在雕塑中是通过肩并肩拿着剑刺杀喜帕恰斯的动作展示出来的：阿里斯托革顿面带胡须，左臂伸向身前并挂着披风，而年轻人哈尔摩丢斯则竖着右臂拿着武器准备刺杀敌人；两个人物镜像效果的动作创造出一种平衡的组合，凸显了他们高贵的行为，仿佛在提醒那些注意到完成反暴政行为的观看者们去捍卫雅典式的自由民主。

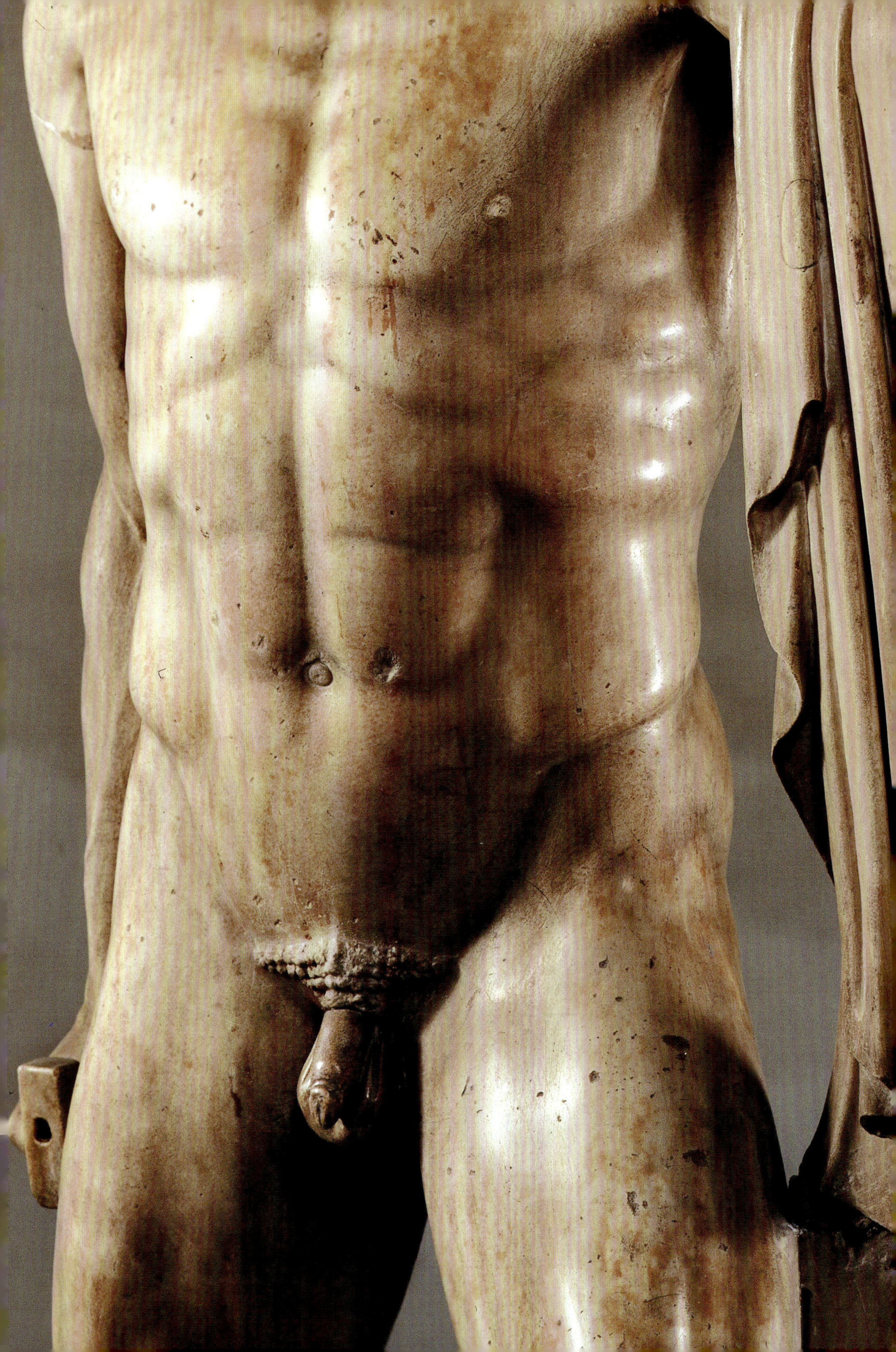

佩普洛斯少女头像

哈德良时代

大理石

高 28 cm

出自库玛；1952 年收藏

这个头像是1952年在库玛被发现的，属于一种叫作“佩普洛斯·卢多维西”的著名雕像类型，以复制品的名义现存于罗马。它展现的是一位身着佩普洛斯式的服装的少女。这种希腊服饰是一块矩形羊毛布，有时还带有刺绣，人们将它缠在腰间，用一根腰带使其与人的身体贴合，并通过大的别针将其固定在肩膀上。

雕像的灵感来自一个青铜像，大概在公元前460年，在伯罗奔尼撒的背景下雕刻完成，已知有许多复制品存世。青铜像模型的痕迹可以从眼睛和嘴唇部位的雕琢细节清楚地看出：眉毛的线条形状完全是金属蚀刻的手法，而嘴唇的边缘也是明显加重了薄槽蚀刻。头发，按照镌刻的纹路向后梳理，是希腊流行的克罗碧螺丝发式，用头绳将头发在脑后绾成一个发髻。这个头像可以追溯到哈德良时代（公元2世纪），因为当时的拜亚有一个复制品工作室，专门通过石膏模型来制作著名雕塑的复制品。在它的头顶上，发髻上和前额的部分仍可以看见一些草稿的痕迹，古代的雕刻师用这种方法在大理石块上临摹模型的要点。

尤利西斯神话石棺

2 世纪

白色大理石
高 104 cm，长 255 cm，宽 112 cm
出自阿特拉

这件大理石石棺的主要场景在古阿特拉附近被修复，发生在公元 2 世纪的曼利亚·托尔瓜塔，场景亮点是尤利西斯发现阿喀琉斯乔装成一个女人的瞬间。就像荷马告诉我们的那样，围攻特洛伊城迫在眉睫时，先知卡尔卡斯预言说，只有阿喀琉斯的参与才能获得战争的成功。而他的母亲忒提斯很为自己儿子的命运担心，将他藏到斯盖洛斯岛上国王里克梅德斯的宫廷里。

于是，阿喀琉斯乔装成女子和国王的女儿们生活在一起，同时他爱上了国王的女儿黛达米亚。而尤利西斯则利用他的狡猾在迪奥梅德斯的陪伴下得以向国王的女儿们贡献礼物和兵器。阿喀琉斯抓住他的胳膊并识破了他的真实身份。无论黛达米亚如何尝试去劝阻，阿喀琉斯还是穿上男装去往战场。

在场面前方正中心的是穿着女性服装的阿喀琉斯用力举着左手拿着盾牌。国王的女儿们，有些坐着，有些站着，围绕着英雄，占据了场面的右半部分。在尤利西斯的左侧跟着一些他的同伴，他戴着尖顶帽直对着阿喀琉斯。在石棺的左侧半人马喀戎在教年轻的阿喀琉斯弹奏竖琴。而在石棺右侧刻的是化装成女性的阿喀琉斯在斯盖洛斯国王的女儿们中间弹奏竖琴的场景。

尤利西斯是全古代最著名的荷马式英雄。他在特洛伊战争中扮演着最关键的角色，他是一名勇敢、无畏而有智慧的战士。是他想出了建造木马的主意，从而为攻取特洛伊打下了基础。伴随着他战后回到伊萨卡的一系列历史事件构成了《奥德赛》的主题。

在石棺右侧，刻画着阿喀琉斯作为斯盖洛斯国王里克梅德斯的客人正穿着女装弹奏竖琴。而国王的女儿们都在聆听他的琴声。阿喀琉斯，在女儿们中间化名为比拉、伊萨和切尔塞斯拉，最终爱上了国王年轻的女儿黛达米亚，俩人育有一子——涅俄普托勒摩斯。

阿喀琉斯是希腊第一勇士，也是唯一等待着自己已知的死亡命运的人。他的母亲忒提斯费尽了心思去改变儿子的命运，但跟碌碌无为漫长地活着相比，他更愿意让自己光荣地死去。

普罗米修斯神话石棺

4 世纪

白色大理石

高 108 cm，长 256 cm，宽 92 cm

出自波佐利

刻画普罗米修斯创造人类情景的石棺于 19 世纪初期在波佐利城附近的一座陵墓里被成功修复。石棺展示给观看者的是丰富的具有象征意义的人物。场景的中央是坐立的普罗米修斯，只见他用右手捂着嘴巴，左手抚摸着人类的头部，这是他用黏土造就出来的人类，很僵硬，因为还缺少最关键的灵魂。而赛姬，则在阿莫尔和赫尔墨斯之间抗争，因为赫尔墨斯要将她带回冥界。在普罗米修斯和无灵魂的躯体之间的是命运女神帕尔卡，她持有主掌人类命运的转轴。在画面中，众神都来帮助造人。在普罗米修斯的左侧是赫尔墨斯和波塞冬，波塞冬的脚下是拟人化的海水。在冥界之神后面，是手持泽普世狗链的赫卡特和冥界之王。在普罗米修斯的右侧是赫拉、西贝乐和宙斯。在石棺的上角落里，是塞林思的战车和太阳神赫利俄斯，而在右下角落里是手持铁砧的盖亚和拿着锤子敲打盖亚手中铁砧的火神赫淮斯托斯。另外，人格化的自然元素和一些小的基因补全了整个场景，在这里，有永恒与死亡，有天堂和地狱，还有人类的诞生与毁灭。

凡尼斯杯

前 2 世纪

红玛瑙
直径 20 cm
凡尼斯收藏（美第奇核心收藏品）

大小一致，制作正规，意象复杂以及历史重要性，尽管具有这些特点，但其实凡尼斯杯就是一种盘子（祭酒盘），用红玛瑙做成，盘子两面都刻有浮雕。在盘子的内侧面刻画的场面相当复杂，讽喻埃及王国在托勒密时代的繁荣：女神伊西斯坐在中间的狮身人面像上面，右侧是她的丈夫奥西里斯，他手里握着一只大犄角，而在左侧是她的儿子哈尔珀克拉德斯，他带来了很多的种子。在盘子外侧面的右边是两个女性形象，也许是田地的拟人化象征，而在天空里有两个年轻人，代表着拟人化的艾特西风。有人认为在内侧面刻画的众神代表着克娄巴特拉三世、丈夫托勒密八世（死于公元前 116 年）和儿子托勒密十世亚历山大；不过也有另一些人认为，代表的是埃及最后一位女王克娄巴特拉七世，她在公元前 31 年被屋大维打败。随着克娄巴特拉的失败，这些杯子也成为罗马帝国珍宝的一部分，后来又落到了拜占庭人的手里。15 世纪初期，又从施瓦布菲特烈二世那里传到了赫拉特或者撒马尔罕的波斯宫廷里，不久之后，就辗转到了那不勒斯阿拉贡的阿方索宫廷。在 1471 年，这些杯子在罗马被洛伦佐购买，接着就被奥地利的玛格丽特得到，而在她死后又被纳入了凡尼斯家族收藏。

流浪音乐家的寓言画

前 2 世纪末期

马赛克地板
43×41 cm
庞贝，c.d. 西塞罗别墅；1764 年收藏

1764 年 2 月 8 日，挖掘者在庞贝西塞罗别墅的中庭周围发现了两个房间，在赫库兰尼姆门之外；房间的地板是用希腊传统的两种漂亮的寓言画装点的，用体积极小的马赛克拼凑而成。它们是庞贝找到的最古老的马赛克，传统来讲可追溯至公元前 2 世纪末期，但近期有人提出将这个日期提前到公元前 3 世纪。这两块画上都带有马赛克作者的签名“Dioskourídes Sámios epoíese”（迪奥斯科里吉斯制作于萨默斯），记于作品左上角。也许最有名的寓言画是刻画米南德喜剧的场景：画上流浪音乐家们都用歌剧面具蒙住脸，弹奏着一把大扬琴、几只钹和一对长笛，在房子门口跳舞，所有这些乐器都与崇拜西贝乐有关。在最左边的一个少年正在吹一种喇叭，他也被用在纪念女神西贝乐的仪式上。画上所有的人物的衣着丰富，色彩生动，布料考究，画面明暗对比强烈，他们的头上都带着藤条树叶编织的花冠。很有可能是用马赛克去复制一幅公元前 3 世纪的绘画作品的，其中已有一幅著名复制品来自斯塔比亚。

亚历山大马赛克

前 2 世纪末期—前 1 世纪

马赛克地板
582 × 313 cm
出自庞贝，农牧神之家；1831 年收藏

这件马赛克作品无疑是世界上最知名的马赛克艺术品。1831 年 10 月 24 日它被发现在农牧神之家一个庭院前面的门廊里。农牧神之家是庞贝最古老、最豪华的住所之一。1843 年，在那里经过了一系列细致的拆除工作之后，它以单片的形式被带到了那不勒斯。这块大马赛克的尺寸近 20 平方米，整个表面都是用蠕虫雕琢技术完成的，也就是用个体极小的微型彩瓷砖进行拼凑黏合（经过计算，它们的总数目在 150 万到 400 万之间）。马赛克地板很可能是亚历山大专门的工匠在意大利操作完成的，他们能够将希腊原版画作复制为效果神奇复杂的马赛克艺术品，老普林尼提到过早期古希腊伟大的画家费洛塞努斯·埃雷特里亚的某件作品，作品表现的是亚历山大大帝的马其顿军队打败波斯国王大流士三世所率领军队的一场骑兵交锋的盛大场面；石头上的场面是在战争最高潮的时刻。也就是大流士的车夫鞭打马匹，急切地赶着皇家马车转身逃跑，而被他们留在身后的是被马其顿的长矛刺穿、被车轮碾碎的众多波斯贵族之躯。

亚历山大在骑兵的最前方，身着名贵的保护盔甲，盔甲上带有戈尔贡头装饰；马其顿国王从受伤的战马上下来，手握着长矛刺进一个身着华服的波斯贵族的胸膛。

整部作品充满了出色的复合、潜在性元素，比如在场面中间的被一名波斯人扯住缰绳的缩小马或者再往右边一点的场景中的一位士兵，因摔倒而被大流士的战车践踏却试图用盾牌来保护自己，而盾牌中又反射着场景。

干枯的树木是唯一准确指向公元前 333 年的伊苏斯战役的景观因素，因为其阿拉伯的起源为“枯树之战”。

尼罗河景门槛石

前 2 世纪末期—前 1 世纪

马赛克地板
中央面板 70×333 cm，侧板 70×172 cm
庞贝，农牧神之家；1831 年收藏

农牧神之家的露天大回廊里安置着亚历山大马赛克作品，而在门槛处的则是另一件蠕虫雕琢型的马赛克作品，描绘着尼罗河上的场景，援引昔日的埃及和希腊化时代最重要的城市亚历山迪雅（由伟大的马其顿国王建设）的繁荣景象。门槛被包围回廊的柱子划分为三个部分：在两外侧是尼罗河鸭子在河里戏水并倒映在水面的画面；在中央主体部分刻画了很多动物的意象，使尼罗河面显得格外热闹，有鸭子，一对鹮鸟，一只河马张着大口露出牙齿探出河面，一只鳄鱼，还有一只对着獴的眼镜蛇。除了动物以外，画面上也有很多的尼罗河三角洲植物群，如荷花和沼泽植物。

就像农牧神之家的其他精致马赛克艺术品一样，这件艺术品是亚历山大的马赛克工作室完成的，他们也曾为帕雷斯特里纳的普厘米杰尼亚喷泉制作了同主题的装饰马赛克——在亚历山迪雅的古希腊文明中，自然景观和环境是第一主题。这里的动植物都经过精心的科学设计，四周的尼罗河水则波光粼粼，交相辉映打造出丰富的光影效果。

在古埃及，荷花是一种重生的象征，因为在造物神话中，有一说认为太阳是由漂浮在“原始海洋”上的荷花所生。另外每年当尼罗河洪水泛滥的时候，荷花仍能生长出水面，也可能因此它被认为是生命的象征。

马赛克地板
280 × 49 cm
庞贝，农牧神之家；大约 1830 年收藏

面具和垂花饰的门槛石

前 2 世纪末期—前 1 世纪

这个悲惨面具曾被演员用在表演中。在古典希腊悲剧中，一般只有三个演员去演绎所有的角色，其中也包括女性角色，因为在那个年代，女性是不允许露面表演的。

在庞贝最富有的农牧神之家的入口处，有一块花砖地板是由很多微型的三角形的彩砖切割拼贴起来的：在通往中庭的通道处安置着一件宏伟的门槛石作品，画面上铺满了树叶和果实的垂花饰，中间连接着两个悲惨面具。此作品抒写着秋日色调的高级别品质及其丰富的色彩（黄、橙、绿、棕），向我们展示了一系列生机勃勃的生命体：成串的葡萄和葡萄藤，石榴、苹果叶、梨、橡木、常春藤、罂粟花以及松树果缠绕在盛宴的彩带和编条上。

这块门槛石所在通道是进入农牧神之家的必经之路，它以双重的意义欢迎来到这里的探访者：首先如此丰富的垂花饰象征着一种繁荣，而那两个面具则是关于戏剧世界的明确暗示，尤其是希腊悲剧，影射着在国王宫殿里的一些惨剧，显然，也提醒了人们农牧神之家在社会上的重要性和代表作用；其次，悲剧也是为了纪念酒神狄俄尼索斯，他的形象一直出现在屋内的装饰图案中，不过你只要记住跳舞的西雷诺斯——俗称牧神的形象也就够了，因为奢华的农牧神之家正是得名于他。

鱼之农牧神海洋

前 2 世纪末期—前 1 世纪

马赛克地板

117 × 117 cm

出自庞贝，农牧神之家；大约 1830 年收藏

这件马赛克作品是用作装饰农牧神之家接待室左侧大厅的花砖地板；是蠕虫拼接型，也就是要用极娴熟的工艺把一块块微型的彩瓷砖黏合在一起构成图案。地板中部被深色背景的边框环绕，背景之上装点着彩色花朵和小动物的素织花纹。在场景中央有一只章鱼正用它的触角抓着龙虾，在周围则生动地展现了地中海中最常见的一些鱼类。与色彩巧妙结合后的马赛克图案得以传神地表现出每条鱼的外观和神韵，五彩斑斓的鳞片使它们更容易被辨别：虾、鲻鱼、海鳗、一种紫红色贝壳等等。就像刚才提到的，十分关键的是整个构图以海洋景观为背景，并以悬崖为框架：在左岸的悬崖上有一只水鸟，看得出是一只捕鱼翠鸟。这件马赛克作品可追溯到公元前 2 世纪末期，还有一件“双胞胎”马赛克也在庞贝（VIII 2,16）被发现，不过在其他一些地方也发现了类似的样本，比如帕勒斯特里那、罗马、阿奎拉和巴勒莫，这令人联想到，也许这些作品都出自希腊年代晚期的亚历山迪雅工作室。

死亡时刻

前 1 世纪

马赛克地板
47 x 41 cm
出自庞贝，作坊之家 15，2

马赛克的中心是一只咬牙切齿的大骷髅头，用现实主义的手段展现出巧妙的明暗对比效果。骷髅头被用一根细绳水平挂立，就连这样的细节也是极其精致的，我们甚至可以看到每一个角落和木缝处的钉子。在水平的两端是一些象征性的物体，代表着富贵与贫穷：左边是一只下面带尖头的权杖，底部缠着白色绷带和一块紫色的布，是古希腊统治者王权的象征。在水平的另一侧，有一只袋子，很可能是皮质的，有两个手柄，还有一件棕色斗篷，通过一个锁眼绑在一根乞讨木杖上。这件作品出自庞贝一个家庭作坊，是古希腊死亡哲学主题的石头代表作：骷髅头代表着死亡，将所有人都平衡在同一水平上，提出所有人都是平等的，无论其财富和社会地位。公元前 2 世纪末期以前，出现过很多来自农牧神之家以及亚历山大马赛克之家，在能工巧匠于严苛管理下完成的伟大杰作，但这件作品算是自那以后罕见的高水平马赛克艺术品之一。

百年之家寓言画

前 1 世纪—1 世纪

马赛克地板
120 x89 cm
出自庞贝，百年之家；1879 年收藏

戈尔贡女妖共有三个，两个不朽之身的是丝西娜和尤瑞艾莉，另一个是会死亡的美杜莎：它们的头上长满了毒蛇，它们的眼神可以将人石化。美杜莎为珀尔修斯所杀，被斩断了首级，然而从她被斩断的脖子里飞出的除了女妖的鲜血以外，还有飞马珀加索斯。

这件作品是庞贝百年之家黑白相间马赛克装饰地板中最大的中央镶嵌面板。它在1879 年被发现后就立刻被拆除，从庞贝运到了那不勒斯。除了那些黑白三角形相间相对花纹的边缘带，在正中间有一个戈尔贡头像，由彩瓷砖拼成，最初，头像是朝向所处房间的内部的。在矩形的短边上下平行处各有一幅风景图：由于是朝向房间内部的，所以房间里的人可以看到上图中有一座角塔式墙的城市，周围有一棵棕榈树，还有两栋矩形的建筑，也许可以看作某种祭祀神庙。在另一边，从房间外面进入的人可以看到一幅海洋景致图，有两艘船，一艘主船，而另一艘小一点的则是支援艇，它们正在入港，港口处还有一座灯塔。这件马赛克是独一无二的，几乎找不到与之类似的马赛克作品，这表明这两幅图画也许是暗示着家族主人的商业活动以及一些特殊的地点。马赛克中心的戈尔贡头像有带来好运、守护主人命运的意义。

女性肖像

1 世纪

马赛克地板
54 × 55 cm
出自庞贝 VI 15,14

在公元 79 年维苏威火山喷发之际，这幅马赛克肖像图被镶嵌在庄严的庞贝家族（VI 15,14）接待室的彩色大理石地板上，接待室是位于中庭和柱廊之间的重要厅室。图上的女人肖像是用各种颜色的微型彩瓷砖拼接起来的，是罗马肖像画的杰出代表作。她的面部可以清楚地表现她的个性，她眼皮浮肿，深眼窝，嘴唇分开，这些特征都揭示了人物的悲伤，另外，还可以以此推断她的社会地位以及道德价值观。她的眼神直接看向目标物，显露出她逐渐消退的美貌。她的头发梳成一个发髻，这仍然是共和时期的时尚，那对珍珠镶金耳环和同样材质的项链则彰显了她的贵族品位。很明显的，这幅肖像不仅具有装饰的作用，还表现了人物的社会声望和人文价值。肖像没有任何象征的意图，和谐的色彩、简单的姿态以及人物的优雅，这些都使我们摸清了女主人公的心理世界，仿佛在与她直接对话。这很可能是公元 1 世纪的马赛克作品。

耳环对于古代人来说不仅是漂亮的饰品，还是珍贵的护身符。尤其是珍珠，它具有诞生于大自然却没有生命迹象的含糊特性，故而常常被认为具有神奇的功效。

潘和山羊

前2世纪—前1世纪

白色大理石
高44.2cm，长47.5cm
出自赫库兰尼姆，莎草别墅；1752年收藏

潘被认为是森林和农业之神，长有角和山羊腿。他致力于性爱交换，不管是人类还是畜生，就像雕塑里刻画的那样，因此在那个年代，它被发现的时候曾引起轩然大波。

这座雕塑是公元前2世纪一雕塑的复制品，被用来装饰赫库兰尼姆莎草别墅里大柱廊的公园，1752年被发现。这件作品一经发掘就引起了轩然大波，并立刻就被下令封锁起来，从此它便从公众视野消失。现今它是著名“情色密室”里的众多展品之一，是那不勒斯考古博物馆里最让人好奇的收藏品之一。那不勒斯考古博物馆收藏着各种各样的画作、雕塑以及情色主题的物体，展品大多来自赫库兰尼姆和庞贝。这些被认为太过下流的雕塑作品曾被下放到一个单独的房间里，只供一些经正当授权的人参观访问；在那些最著名的访问申请者中，也包括加埃塔诺·多尼采蒂和弗朗切斯科·哈耶斯。申请者如此之多以至在1800年，有一个办假冒许可的团伙发展起来，他们向外国旅游者出售假证明。这些雕塑因着不同时代不同的政治文化环境而经历了多次关闭和部分开放的历史阶段。比如在1848年的革命运动之后，进入参观变得容易得多。尽管1866年的情色收藏品目录已试图从科学的角度给予它富有创造力的内容以褒奖，但它总是能毫不费力地引起参观者的尴尬。

壁画
44×41 cm
出自庞贝

春宫图

1 世纪

女性在束腰长衣的下面，穿着的是束胸带，就像奥维迪奥在他的《爱之术》(3，420）所建议的那样，如果乳房太小了，可以填充一些东西，还有缠腰带和短杆内裤。人们可以穿这样的长衣去浴场，可以穿着去练习体操。

这幅壁画来自庞贝，刻画的是一对情人：图上的女人只穿着胸衣，而男人则赤裸着躺在床上。在古罗马世界，刻画不同性爱姿势的《春宫图》如此流行以至布洛佩尔奇，生活在公元前 1 世纪，甚至很怀念曾经纯洁的时光，怀念那些“墙壁上没有涂抹罪过”的年代。春宫图的主角常常是一些神祇和英雄；最常见的主题有：爱神维纳斯和战神马尔斯的性爱图、朱庇特（因其常常乔装去勾引少女而出名）的艳遇、和野性生物的性爱，比如刻画撒提尔在林丛中调戏少女的图画。著名的春宫图有：《潘（半人半羊的牧神，森林和羊群的守护者）的性爱》、《俾格米人（神话里尼罗河流域的居民，身材矮小，但却有巨大的阴茎，崇尚性爱自由）的自由性爱》，通常刻画的都是露天的性爱场面。除了有描写神圣的或者梦幻的性爱之外，还有描写尘世间性爱场面的，但它们一般被用来装饰妓院和卖淫的卧室，或者是在那些小酒馆或浴场的隔间里，意在取悦客人。

一对赛跑者

前 1 世纪

青铜

高 118 cm

出自赫库兰尼姆，莎草别墅

这两个男性雕像被安置在赫库兰尼姆莎草别墅巨大的柱廊里，莎草别墅是罗马贵族成员卡尔波尼奥·比索尼·切索尼奥的奢华私宅，他被证实是恺撒的岳父，或者根据最新研究，还有可能是阿皮奥·克劳迪奥·普尔科罗——卢库勒斯的内兄。别墅位于赫库兰尼姆大门处，在一个可俯瞰大海的梯田式斜坡上：在公元 79 年火山喷发时，它被埋葬到了火山沉积物 30 米以下。这两名男子身体稍微向前弯曲，左腿向前，右腿后伸，它们很有可能是公元前 4 世纪末期至公元前 3 世纪初期的一座希腊雕塑的复制品，为了庆祝一名运动员在泛希腊一次大型竞技中赢得了比赛。这对赛跑者雕像被安置在青铜像“休息中的赫尔墨斯”附近，明确突出回忆希腊体育馆的主题，赫尔墨斯（比赛裁判）曾是希腊体育馆的守护神。莎草别墅是最完整的修养和冥想的住宅样本，别墅的挖掘工作开始于 1750 年，其间几经挫折和恢复，最终在 1765 年因为有毒烟雾而被迫停止了研究工作。莎草别墅的名字源于最早在它的博物馆里发现的约有一千八百卷的莎草纸，这些纸卷多是关于希腊哲学的，关于生活在公元前 1 世纪的哲学家费罗德姆斯·格达拉的哲学思想。

在完全深色的两名运动员的身体上，最抢眼的部分是他们的眼睛。逼真的效果是通过使用三种不同的材料以便突出白色眼球、黑色的瞳孔以及蓝绿色的光圈之间的对比度来实现的。

收紧的肌肉状态以及腿部的姿态，让我们想象这两名运动员正站在起跑线上，那里也许设置了一些由绳索操控的木质障碍物，以便所有的运动员在同一时间出发。

运动员右手向前伸直的动作，几乎像是设定在一种要夺取的状态，有人假设这两个运动员是摔跤手的中后卫，但这种假设由于现在他们的身份得到了证实而被否定。

所谓的塞内加半身像

前 1 世纪

青铜

高 33 cm

出自赫库兰尼姆，莎草别墅；1754 年收藏

用青铜凿出深深的皱纹和用玻璃膏填进眼部，有助于塑造人物深邃而忧郁的眼神。它的这些特点使其成为巴洛克式希腊艺术流中的一员。

莎草别墅最主要的场所里都是辅以青铜和大理石的雕塑装饰，全身像或者半身像和雕有人头的柱子，一般可以追溯到奥古斯都年代的前半期：别墅的雕塑方案以永恒召唤经典的希腊文化为主旨。特别是在别墅的大柱廊里，有花园和游泳池，在宏伟的青铜像和雕像之间，于 1754 年一座青铜半身像被发现并被误以为是塞内加的肖像。这座逼真的青铜头像刻画的是一位历经沧桑的老人的形象。他的胡须和头发都很凌乱，眼睛凹陷，颧骨很突出，再往上看，他的额头上有深深的皱纹。鉴于在拉齐奥和坎帕尼亚大区发现了超过 40 件的头像复制品，我们可以推测青铜像所刻画人物的名气。然而，众说纷纭，有人认为这可能是希腊时期一位著名的希腊诗人，赫西奥德或者是拉丁诗人埃尼奥。像中男子生理上的衰退及其所表现出的痛苦，让我们可以假设他是希腊寓言家伊索，根据传统说法，他是一个流浪的奴隶。这座半身像可追溯至公元前 1 世纪，很有可能是在希腊化时代中期的公元前 230 年至公元前 160 年间完成的。

大理石
高 200 cm
出自赫库兰尼姆，莎草别墅；1752 年收藏

雅典娜·普罗玛齐斯

前 1 世纪—1 世纪

雅典娜戴着“埃吉达”，中间有美杜莎长满毒蛇的头像。“埃吉达”，从希腊的“羊皮”和“风暴”而来，是一种盾牌，上面覆盖着用母乳喂养宙斯的山羊阿马尔塞的皮。

在瑞士工程师卡尔·韦伯带领挖掘莎草别墅的过程中，他们设计了一张十分精准的地图，包含建筑中至今为止已被发掘的部分，大约有 250 平方米，它能明确指出所有被发现的艺术品曾被安放的位置并有对地板的相关描述。他们在接待室（古罗马房屋中最重要的厅室之一，位于中庭和柱廊之间），发现了这座雅典娜·普罗玛齐斯——“战斗在最前线者”雕塑。像中的女神正停下她急促的脚步，瞄准目标准备投掷长矛，只见她看向身前方左手的上方。她左臂伸向前方，而抬起的右手则拿着长矛。她的头部戴着装饰着狮鹫花纹的雅典头盔。这座古典风格的大理石雕像被认为是公元前 5 世纪中期一件雅典风格作品的复制品，也可能是一件罗马拼接作品。一件同主题的雕像被安置在雅典卫城，过了前门即可看见。而这座雅典娜的雕塑被安置在别墅接待厅的正中间，走过中庭即可看见，就在博物馆的附近。这样的位置选择精准且具有前瞻性而又引经据典，旨在强调女神作为艺术、文学以及哲学守护者的神圣角色，也表明了别墅主人对于希腊化雅致文化的追求。

海之女神与海怪

帝国时代

白色大理石
高 132 cm
出自那不勒斯，波西里鹏别墅；1840 年收藏

这座雕塑被发现在 19 世纪中期波西里鹏的皇家别墅里。这栋极尽奢华的住所归维迪奥・波利奥内所有，而后由奥古斯都在公元前 15 年继承。这栋宏伟别墅的名字意为：停止痛苦。它占据着同名的波西里鹏山；别墅是梯田式结构，从高处的山头一直延伸到大海处——那里有很多的渔场。最高的一个露台上面有一间依山而建的希腊歌剧院，从那里可以尽享整个那不勒斯、波佐利海湾以及各岛屿的旖旎风光，另外还有一间小剧场，一个小型的室内歌剧院，用来演奏音乐和朗诵诗歌。两间歌剧院之间的空间被一片大花园占据，花园中装点着一个长喷泉，在搭建歌剧表演场景的时候，必要的话会将它盖住。

这件雕塑品是希腊原作的罗马复制品，可能原属于某个喷泉的装饰，用来装点花园。雕塑中的海女神之一骑着一只海怪：海女神是海神涅柔斯的 50 个女儿，他把自己的一个女儿安非特里特嫁给波塞冬。在神话情节里，还有很多关于其他海女儿的故事，比如忒提斯，阿喀琉斯的母亲；独眼巨人波吕斐摩斯钟爱另一个海女儿嘉拉迪雅，却遭到拒绝。

伊西斯

2 世纪

灰莫拉托大理石
高 200 cm
凡尼斯收藏

埃及女神伊西斯，奥西里斯的妻子和妹妹，是理想伴侣和母亲的象征，她守护着死者、水手和亚历山迪雅城，在古希腊时代受到人们极高的推崇，在帝国时代闻名于整个地中海流域，尽管那时已经出现了最初的分歧和矛盾。关于她的神话主要通过《金字塔文本》以及普鲁塔克的《伊西斯与奥西里西斯》进行传播。她曾经自己总结了希腊－罗马众神的特征，并因此被奉为自然元素女神。她的宗教哲学建立在承诺生命永恒并在死后能够继续幸福的基础之上。人们建造了一些公共的伊西斯神庙，但最常见的还是对女神的私人信仰。

这座伊西斯的雕像，其发掘地不详，与其他的凡尼斯收藏一起被运到那不勒斯。雕像的主体部分为灰莫拉托大理石，而暴露的部位、头部、手足都被 C. 阿尔巴奇尼用白色大理石进行了修复。伊西斯手中所握的吉祥物也是修复品。像中的女神身着一件束腰长衫，斗篷系在胸前，外披一件希腊大长袍。原雕像里的伊西斯应是微抬右手并拿着乐器铁瑶子，而左手则下垂拿着一只丝图拉，一种带有金属把手的容器，本雕像可追溯至公元 2 世纪。

米特拉原牛浮雕

3 世纪—4 世纪

白色大理石

高 110 cm，宽 113 cm，厚 12 cm

出自那不勒斯，波西利波石窟

在浮雕的框上可见碑文“Omnipotenti Deo Mithrae Appius Claudius Tarronius Dexter v(ir) c (larissimus) dicat”，意为：献给全能之神米特拉，阿匹乌斯·克劳狄斯·塔罗尼奥·德克斯特致上。vir clarissimus 的标志说明这名男子属于元老级的人物。

在帝国时代的前几百年，罗马世界里迅速蔓延着一种起源波斯的崇拜——米特拉崇拜，在平民阶层间尤为常见，这都源自一个会让来世更好的承诺。这种信仰的主要元素源于米特拉神杀死白牛一幕，它象征了生命的诞生，白牛的血液和精液会分别化作世间万物和各种族人类。这一情节时常被描绘在集会场所或者通过雕塑和浮雕的形式加以纪念，就像这块来自波西利波石窟的浮雕。波西利波石窟是一个连接那不勒斯和弗雷格拉地区的长隧道。这块浮雕可以追溯至公元 3 世纪至公元 4 世纪，在画面中间，米特拉神，头戴尖帽，着紧腿裤，强调了其东方的血统。画上的神将目光投向太阳，这可从皇冠上的光线分辨出来，根据传说，太阳神让乌鸦信使带了口信，让他杀死白牛。画面上还有月亮的意象，在画面右上角，有一轮被加冕的新月。在牛的脚下可见一只蝎子（可蜇生殖器）、一条蛇，还有一只狗（它的作用是舔伤口）。在角落里还有光明之神米特拉的同伴，有盖特斯和考托帕德斯，两个少年的手里分别拿着火炬，一高一低，一个象征日升，另一个象征日落。

浮雕银
12×10cm
出自庞贝，米南德之家

维纳斯和战神爱之杯

前1世纪

在那些包裹在羊毛毯里放在第五庞贝之家地下室一个木箱里面的珠宝、钱币和各种珍贵物品之中，有一套桌子大小的完好银器具，总重达24公斤。米南德之家的主人将很多银质珍宝都藏了起来，总计有118件，其中包括杯子、长脚杯、盘子、勺子、盐罐和所有那些用于豪华宴会的用具。这套杯子共两个，葡萄酒杯形状相同，带双环手柄，在其外壁上刻画着维纳斯和战神相爱的画面。酒杯的保存状况很好，也许原来应该有一部分是镀金的，酒杯的一侧战神正抚摸着维纳斯的肩膀，而丘比特则手持着战神的剑。在另一侧，战神躺在床上，抓着爱神维纳斯的手臂，而丘比特则拿着头盔和盾牌。场面的空隙处都填满了葡萄藤蔓。这套杯子想必是主人为了提醒宾客们爱情是多么愉悦，以及能举办一场成功的宴会是和平带来的基本优势。这件银器可追溯到公元前，因此，在公元79年维苏威火山喷发时，它必定是一件价值连城的古董。

荷马神杯

奥古斯都－泰伯利亚时代

银

12.5×14.7 cm

出自庞贝

银杯，是优质的贵金属装饰品，它们是富有的罗马人的餐桌上不可缺少的餐具。根据古老繁复的习俗，使用银杯来喝葡萄酒可以激发宾客交谈的兴趣，令人敞开心扉，内心宁静而愉悦。荷马神杯重大约 800 克，全浮雕压花。在杯身的外侧刻画着这位伟大的希腊诗人像神仙一样，身上包裹着莨菪树枝，坐在一头鹰的身上飞向天空的情景。荷马长着长长的胡须，浓密的头发，在两只天鹅的陪伴下缓缓升天。在他的两边是两个坐在树枝上的女性意象，她们是《伊利亚特》和《奥德赛》的人格化象征。透过这样的场景，我们不难猜想当时荷马及其史诗在罗马宴会中是多么受到推崇，宴席期间人们一定是畅谈英雄们的事迹，为不朽的诗篇而干杯。在神杯缝隙间发现的火山灰和火山砾似乎验证了它的出处在庞贝，根据它杯身浮雕的风格以及其形状，我们可以推断它可能追溯到帝国时代，很有可能受到了更早的希腊化时代作品的启发。

左侧的女子被刻画成一名战士的形象。她是《伊利亚特》的人格化象征，诗作《伊利亚特》讲述了希腊军队围攻特洛伊城的故事。在荷马的右侧，则是《奥德赛》的人格化象征。

荷马，据传是《伊利亚特》和《奥德赛》的作者，在古代备受人们的爱戴和推崇，甚至被神化，成为诗篇的象征，尽管没有确切证据证明他的真实存在。他的史诗成为青年人的基本教材，对拉丁诗篇有很深的影响。

在那些奥古斯都意象的主题中，最成功的是那些莨苕藤枝，它常常被用来装饰楣石柱等建筑物。就像奥古斯都所保证的那样，它代表着自由与昌盛，能给人们带来富贵与繁荣。

角斗士头盔

弗拉维安年代

青铜
高 45 cm，宽 45 cm
出自庞贝，角斗士军营；18 世纪下半叶收藏（1784？）

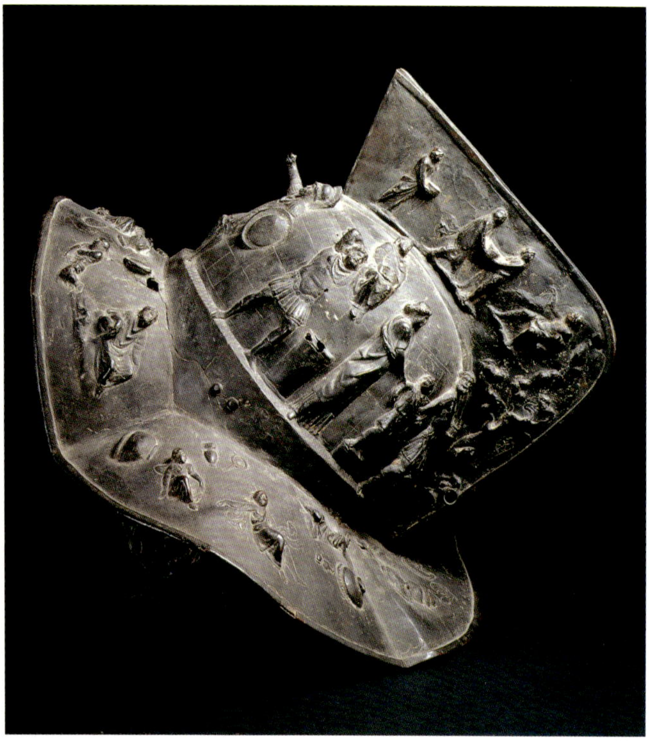

从为伊尼雅——维纳斯和安琪瑟斯所生——纵火的特洛伊城里，背着父亲和小儿子卢鲁斯逃出来，很明显，刻画的是埃涅阿斯的形象，就像维吉尔所讲述的胡里奥·克劳迪王朝的神话一样：在他的诗篇里，这位罗马建立者的血统起源被归于神圣的祖先——宙斯和阿芙罗狄蒂。

头盔的表面带有复杂的特洛伊战争场面的浮雕，它被发现于庞贝的角斗士军营里；图中刻画着卡桑德拉在帕拉迪奥面前被杀，老普里阿摩斯被杀，埃涅阿斯背负着父亲安基塞斯和阿斯卡尼奥出逃以及逃亡后建立罗马的故事。角斗士竞技很可能诞生于坎帕尼亚，它的起源与葬礼有关，在杰出人物去世的时候，人们会举办纪念死者的死亡竞技。因此，角斗士表演自然而然地开始广泛流行起来，几乎丧失了它原本葬礼活动的属性，而渐渐成为一种不折不扣的狂热竞技赛。在共和时期，角斗士们穿着的盔甲与罗马传统敌对民族所使用的很相似，比如萨尼特人、高卢人和色雷斯人。于是诞生了各种角斗士种类，每一种都有相应的防御和进攻的兵器。随着时间的推移，那些武器，尤其是头盔，为了适应角斗的需求，经过了一些改良进化。最大的变化在于，眼睛前面加了一个保护脸部的金属格栅，比如那些来自庞贝角斗士军营的头盔。

青铜

42 cm

庞贝，角斗士军营；18 世纪后半叶收藏（1784？）

一对护腿铠甲

弗拉维安年代

这对青铜护腿铠甲，跟那不勒斯国家考古博物馆里收藏的很多其他兵器一样，都是来自庞贝的角斗士军营，它们在公元 79 年随着维苏威火山的喷发与城市一起被沉埋地下。护腿铠甲可以保护角斗士的双腿，通常会绑上一根皮带穿过一系列的钩子和圆环将其固定在腿上。有一些种类的角斗士会穿戴覆盖全腿的护腿铠甲，而还有一些只穿戴一只护腿铠甲。很多护腿铠甲，还有头盔和护肩，都是那不勒斯收藏的一部分，它们都被装饰以丰富的场景意象或者植物界的借喻图案，从而表明，它们是阅兵式武器，并不是真正用于打斗的，因为它们的重量和尺寸显然很大地影响了穿戴者的活动。护腿铠甲的装饰花纹中包含了多重意象：在高处正中，刻着一只秃头、胡子拉碴的西勒诺斯头像，而在两侧则是两只狄俄尼索斯头像，被穿在酒神杖上；下面是一对缠绕的大犄角，再下来是狄俄尼索斯的面具和狮子皮；最后在底部中央刻画着一只展开翅膀的鹳鸟正践踏着一只蛇的画面。

大犄角是喇叭形状的物体，通常根据流行的习俗被用大量的水果、树叶、花朵和麦穗填满；它被认为是繁荣与财富的象征。

外科手术用具

1 世纪

青铜

来自庞贝

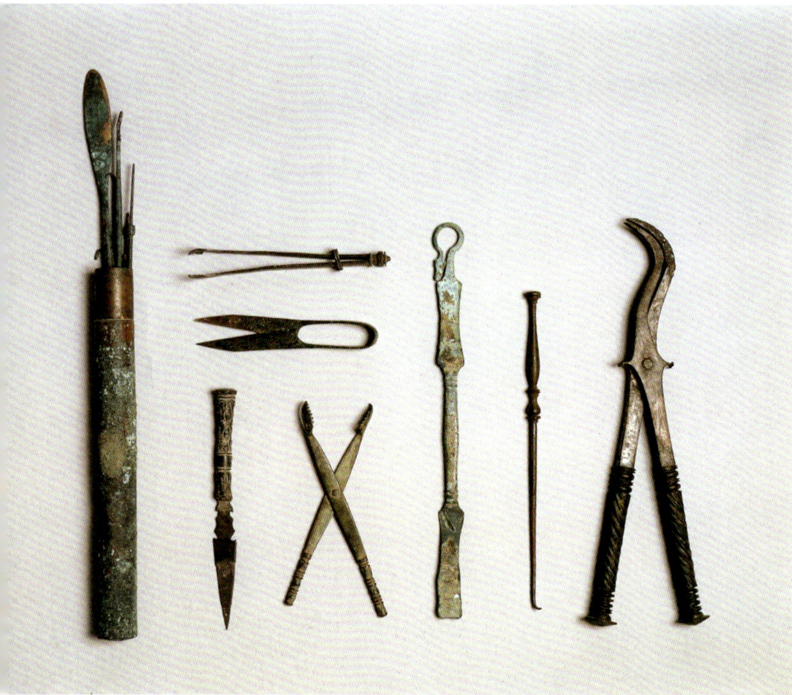

在庞贝所收藏的外科手术用具是古罗马人民在医学领域取得显著进步的最有利证明。由于能够运用经验性知识和工具，世俗医生们达到了一种被认可和赞赏的专业化水平。在公元前 5 世纪的希腊，医学是一门需要合理的技术和特定的理论，并结合各种干预治疗法的自然科学。在罗马时期，医学疗法盛行，需要治疗的人数达到了一个很高值。对于一些比较严重的疾病，比如严重的创伤和肿瘤，通常都会毫不犹豫地进行外科手术，使用的是一些青铜和铜合金器具。庞贝城的挖掘工作帮助发掘了最完整的带相应容器的手术器械套具；其中有如图中列出的一些，可追溯到公元 1 世纪，让我们对罗马人曾用于微创医疗手术的器械感到十分不安。

从图上看来，除了有一些大小不同的用来拔牙的钳子以外，还可注意到有一把剪刀、小镊子、一片细薄的小手术刀以及一把钩骨杆。那只工具筒除了没有盖子以外，几乎完好无损，它里面装着探头、抹刀和带钩骨和平头的探针。与外科手术用具放在一起的还有一些用来装医学药剂的器械盒。

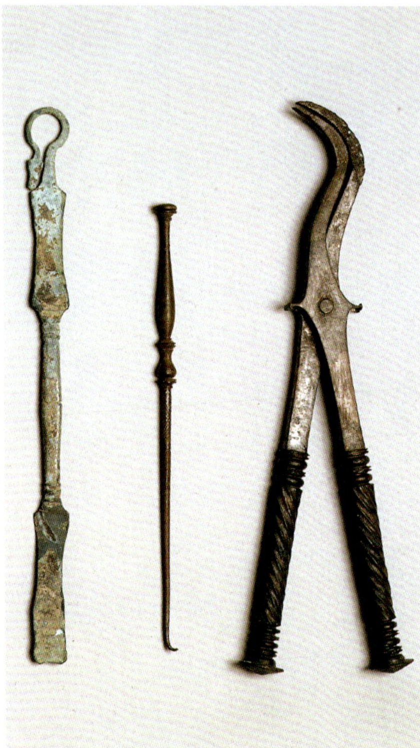

右侧这个被称为“赫库兰尼姆钳子”的工具其实就是一只用来拔牙和去除伤处弹片的钳子。青铜制作，带有螺旋雕花的圆柱形手柄，名不副实的是，它其实来自庞贝。

彩绘玻璃
2.3 cm
出自庞贝；1907 年收藏

玻璃肖像牌

1 世纪

1907 年，在庞贝城发现了两块椭圆形的小玻璃装饰牌，表现是用冷绘法绘制的肖像图。收藏样本保存状态完好，因此我们可以看清肖像中是一个头转向一侧的成熟男子。图上明智和谐的色彩运用凸显了人物强烈的表达以及深邃的眼神，从而表现了人物性格特点。

图中男子气色红润，胡须是剃过的样子，眼睛大而色深，头发和眉毛都已花白。他的额头很高，微现皱纹。它很可能是和另一块类似的玻璃牌镶嵌在一起从而组成一块双面纪念章。两块绘画表面的黏合很可能是为了保护绘画面不受损。玻璃上的肖像画应该是独一无二的，特别珍贵别致，用来挂在脖颈上以缅怀某位亲近的家庭成员或者朋友。肖像面部的紧凑度可以与古埃及法尤姆地区的木材肖像相媲美，该作品可追溯至公元 1 世纪前半叶。至于庞贝城的玻璃，是高水平的手工艺品，而并不是出自伟大艺术家之手，因此我们尽可以想象一下那些蕴藏在坎帕尼亚其他艺术标本中的亚历山大式的灵感。

蓝花瓶

胡里奥·克劳迪年代

宝石玻璃
高 31.7 cm，下摆直径 6 cm
出自庞贝；1837 年收藏

1837 年 12 月 29 日，在波旁国王费迪南多二世访问庞贝城遗址之际，为了取悦君主，一只华丽的宝石玻璃安非拉被“提前准备”好并被发现。这只安非拉是在一个沉埋的建筑物的内部，据说是在马赛克圆柱之家被发现的，它和一只玻璃瓮、一只赤土瓮、13 座小雕像以及一张黏土面具放置在一起。这种花瓶，可以追溯到公元 1 世纪第二季度，是在宴会中用于盛酒的，它的形状就像图中所见那样，不可自助更改，其装饰图案亦然。

它的制作工艺很特殊，采用的是公元前 1 世纪期间发展起来的一种技术，加工过程包括好几个阶段：首先，手工匠要将白色亚光的玻璃浆剂倒进一个模具里，以得到一个粗糙的容器，作为外层，然后向里面注入蓝色光亮的玻璃浆剂，并用一根吹管吹气，直至得到理想中的形状。接着，就这样得到了有两层不同颜色的安非拉，再由一位雕刻大师来运用宝石浮雕的工艺，将外面白色粗糙的一层剥掉，并在蓝色表面绘制上装饰花纹图案。

在画面中心是一张床，床上坐着一个小丘比特正在弹奏七弦琴，另一个丘比特则半躺着，左手里紧捏着一只圣餐杯。其他一些丘比特正在挤压大桶里刚采摘的葡萄，还有两个坐在指挥台上，吹奏着双笛和八管排箫。

蓝花瓶上的图案取材自丰收的酒神。两个丘比特站在高高的指挥台上，收获葡萄串。场景里穿插着葡萄藤蔓，从底部的面具处生长出来蔓延交织；在树枝间还可见一些小鸟。

在花瓶底部，被一条凸出的分割线隔开的是一幅牧羊图，刻画着绵羊、山羊和树木，其中一棵树上挂着一只小手鼓。图案描绘的是乡村生活，运用鲜花和浆果编织的花环意象将花瓶上部的收获场面围绕起来。

黑曜石杯

前 1 世纪

黑曜石，半宝石，珊瑚，黄金
高 12.5 cm，直径 18.2 cm
出自斯塔比亚

这种容器呈古希腊双耳大饮杯的形状，已被完全证实为继银质餐具之后的容器，被发现于斯塔比亚圣马可别墅的冷水浴室里。这些工艺品无论从技术还是装饰角度来看，都是十分出色的：为了制造它们，需要使用一整块的黑曜石，挖掘、塑形再雕琢；在雕刻人物的时候，要混入一些珊瑚、半宝石以及黄金的小碎片进行塑造。这些杯子比精美的陶器的用途更广泛，在别墅里发现的其他不同花瓶的碎片证实了这一点：它们很可能是由亚历山大工作室的能工巧匠们完成的，他们用来雕琢黑曜石和半宝石的工具和用于雕刻宝石的是一样的。杯身上刻画的贡献者所穿的华丽服饰需要十分灵巧的雕刻师来完成，红珊瑚和白珊瑚的小碎片与孔雀石的绿碎片纵横交错，而用于蓝色调的则是蓝色的青金石。这对双胞胎杯子上装点着埃及风格的花纹，在场景中间矗立着一座由两根莲花柱顶的圆柱所支撑的神社；在墙室内的三角面中央画着一只太阳面盘。在狮身人面像祭坛上面的神社里，刻画着公牛阿匹斯的形象，在其旁边的是猎鹰神荷鲁斯。在一侧是两个贡献者的形象。最小的黑曜石杯装点的是植物系的花纹图案。

首饰盒

罗马时代

象牙
14.5x30.2x24 cm
来自库玛

就像今天一样，在古代，珠宝首饰和一些用于梳妆的小物件也是被保存在珠宝盒里面的，而且一般都不能是易腐蚀性材料，比如木头。在某些情况下，人们将雕花的小板收集起来，用胶水或者小钉子固定在盒身上。这件来自库玛的样本(其木框架结构是现代的)带有象牙雕花，还有青铜锁以保证其安全。

这个盒子由四个警笛型的小脚支起；侧边上镶有矩形的雕花板，前面刻着人像柱而后面则刻着带翅膀的爱神丘比特，在角落上是条纹装饰的圆柱形支柱；另外，包裹盒子和盖子的边框也都是象牙的。在盒子的内部有一面镜子，一只带盖的圆柱形骨质小盒子，用来盛放化妆品，一把象牙梳子，一根针，还有一根象牙大头针；两根大头针的其中一端分别是松塔形——不朽的象征，和庄严的男性小像；在盒子内部还保存着一只金指环和两个镀金的银质饰扣。

红彩陶
高 75 cm
出自鲁沃迪普利亚，1838 年收藏，菲克和切尔沃内收藏

普罗诺莫斯花瓶

前 400 年

这个双耳大口酒坛，雅典制造，于 1836 年被发现在鲁沃迪普利亚，其制造年代可追溯到约公元前400年。花瓶上绘有丰富的花纹，耳上带有月桂枝花环和白色浆果的绘饰，装饰场景分为两部分，根据碑文记载，场景里有很多不同的人物出现；场景诠释了一次有酒神参与的林神剧的准备过程。在场景的中央，花瓶的上部，酒神拿着酒神杖，长长的头发上搭着常春藤花环，阿里安娜靠在酒神的怀里。在年轻人的右边，一个拿着喜剧面具的女性人物的后面，是一位将要出演大力士角色的演员；在酒神的前方，有另一位演员穿着西雷努斯的首领——帕波斯系雷诺的服装。第三位演员，穿着国王的服饰，连同两个合唱队员一起站在酒神的左边。在花瓶下部的中间，是长笛手普罗诺莫斯（给花瓶绘饰的画家普罗诺莫斯由此得名）身着华丽的礼服，头戴月桂枝花环，他是一位真实存在过的人物，是来自贝奥茨亚的著名音乐家。

扮演大力士的演员除了可从碑文记载中识别外，还可从他左手中握着的靠在肩上的棍棒武器辨认出；另外，在靠近他左腿处有弓和箭袋。他身上穿着短袖衫，脚上踩着高筒靴。其右手里还持有戏剧脸谱。

波斯陶器

前 4 世纪

阿普利亚陶器

高 130 cm

出自卡诺萨，大流士的花瓶地下室

这个涡形装饰的花瓶是阿普利亚彩陶器的奠基石之一。它于 1815 年被发现在位于卡诺萨城市附近的地下室里，那是最大的地下室之一，大概是属于某个骑士的。这有纪念性意义的花瓶带有女魔脸形的涡形装饰，是大流士的画家（生活在公元前 4 世纪后半叶）所制造，是阿普利亚晚期绘画风格即所谓的“华丽装饰风格”最具盛名的代表者之一，这种风格一般用于珍贵陶器的涡形装饰，常常达到比较大的规模。

这个陶器上的场景相当复杂，以波斯战争为背景，也许和失去普利尼修斯的悲剧有关：在中间一块，大流士（大流士画家的称号由此而来）坐在他的宝座上正和一个信使讲话，正如碑文记载的那样，更确切地说是信使在国王的左边；在大流士的周围都是他的政要们，从波斯文的碑文中得知，他们坐在形状各异的凳子上，戴着典型东方特色的帽子。在画面的上部，是坐在大流士正上方宝座上的宙斯，还有另外一些神祇，被认为是亚细亚和艾拉德的人格化象征，同时，在画面底部刻画的是坐在桌旁的大流士的财务官，他身着典型的波斯服饰，还带着一些随从。在花瓶的颈部画着亚马孙主题的场景，图中的亚马孙人骑在马上，穿着典型的东方服饰，手持斧头和盾牌，而希腊战士们则赤身裸体，只拿着一些武器，圆盾牌、长矛和科林斯式的大冠头盔。

鲁沃迪普利亚的舞者

前 5 世纪末期—前 4 世纪中期

石灰石壁画
53 x 108 cm
出自鲁沃迪普利亚（Fg），墓室 1
卡普奇尼路；1838 年收藏

这些著名的描绘女性舞蹈的壁画作品属于鲁沃迪普利亚（Fg）一间半室墓，于 1833 年被发现，遗憾的是，被发现的时候，墓室里已经被人洗劫一空。壁画在被移除的时候被损坏得很严重，因为需要进行专业修复，所以在 1838 年被送往了那不勒斯波旁皇家博物馆，为了方便运输，它被分成了六块，并载在木板上。如今，完整的壁画结构是可以依据一些资料证据以及当时的画面来重建的，在壁画长边一侧，有 18 位舞者和一位用齐特拉琴伴奏的吟唱者，而在短边一侧，是 9 位舞者和合唱团。跳舞的女子跳着向左方行进，手牵着手，臂挽着臂，排成链条式；她们身着束腰长衫和彩色的斗篷，斗篷的边缘呈对比色；头发被斗篷盖住，而露出面部额头前的发带。也许这舞蹈来自某个葬礼上的场景：我们可以假设，它是为了纪念死者以及冥界之神。这幅壁画被认为是由人手最多的工作室的众人合作完成的：在墓室的一面介绍面板上列出了“鲁沃迪普利亚绘画大师”的名单，它占据了墓室最长的一片墙面。最近的修复工作已从平板上精准的草图纸上彰显无遗了，工程师们画了一系列的平行线用以确定形象的精确骨架。现在壁画上的人物头部之间已经出现了一些粉红色痕迹，那也许是残留的石榴花环吧。

博斯克雷亚来：希腊化庭院

前 1 世纪中期

壁画
200 x 325 cm
出自博斯克雷亚来，发尼奥别墅，斯尼斯托雷，欧库西 H
收藏于 1900 年

1900 年在博斯克雷亚来，靠近庞贝城，发掘了一栋奢华的别墅，在它令人惊叹的绘画装饰被完全拆除之后，又被重新安葬了。别墅的欧库西 H 大房间装点着一幅大型壁画，毫无疑问是一幅希腊原作，很可能连其壁腔都是，可追溯到公元前 3 世纪：在一个圆柱大厅的内部，在后墙唇红色带有大理石纹理的墙壁上画着三个不同的人物形象，他们几乎是等同于真人的大小，不同于其他暗示性叙事风格的是，他们的身份不是通过场面的建设而是通过人物形象的结合而确定的。在壁画右侧的是一名男子，他的头上戴着一顶考西亚帽子，手持长矛，不远处还放着一只马其顿星星装饰的盾牌；在他的脚下坐着一名女子；在他的左侧是一位老人，穿着厚重的衣服，交叉着腿靠着一根多节的拐杖。人物衣纹褶皱处的明暗对比设计，加上光影技术的出色发挥（比如柱子投射在后墙上的阴影），不仅突出了人物扭转的身体姿态，还帮助壁画中所刻画的人物形象展现出了完整的形体表现和生理姿态。

画中的男子戴帽，持长矛和马其顿盾牌，可能是继业者之一——安提柯·格纳达。还可以被比喻为相对波斯占据着主导地位的马其顿。

左边这个长胡子的人物一致被认为是埃雷特里亚的哲学家梅内德莫，他最早是苏格拉底哲学的追随者，随后在埃雷特里亚建立了一所学校。

画中的女人做沉思状，头发都被拢进了主教冠里，戴着波斯王族的头饰，她或被诠释为菲拉——安提柯·格纳达的母亲，或是被比喻为被马其顿踩在脚下的波斯。

风景画

1 世纪初期

壁画

303x325 cm

出自博斯克特雷卡塞（那不勒斯省）

安格里帕・波斯图莫别墅

墙壁中间的风景源自希腊化的绘画传统，构图巧妙，结合树木、神庙、圆柱和一些小人物到一起，将亚历山大式田园诗的典型元素转化到绘画中来，旨在追求一种赏心悦目的但完全不切实际的写意风格。

从博斯克特雷卡塞被发现而在1906年又被重新埋葬的别墅里，有一个红色背景的隔间，优雅的 III 风格装饰，被确定是在约公元前20年至公元40年之间胡里奥・克劳迪王朝鼎盛时期的作品。我们可以看到作品中所有绝对的“诗情画意的”绘画风格，反对在装饰的框架部分用透视缩减法。墙壁是十分平坦的，与真实墙壁完美契合，它的颜色延伸分为三个部分，不管是水平还是纵向的，都极端注重细节——哪怕实在一些无关紧要的位置，比如起重机或者一些山墙花饰，再或者在上部区域一些脸谱方块——即使近距离观察也不会流失清晰度；它的特点在于使用春景色和对比色：基底其实都是画成黑色的，不寻常的是，用一棵衰败的无花果树的存在来丰富画面。画上描绘的是美丽的风景画，一座乡村的神庙，供有一座女神像——也许是西贝乐，在附近的是牧羊人和羊群，同时在画的右边有两个妇女和一个小孩正走向神庙，他们手里拿着火把，将女神普里阿普斯——另一位典型的乡村女神（保护生育能力）——的雕像留在了身后。在背景里，有各种各样的建筑物和一个封闭的花园。

壁画
140 x 90 cm
出自庞贝，狄俄斯库里兄弟之家 VI9，6

阿喀琉斯在斯盖洛斯

1 世纪

《荷马史诗》是古代插图灵感的重要来源之一，而且与绘画选题密切相关。众多的绘画表现了特洛伊传奇故事的不同瞬间：从战争的前提和帕里斯的审判到希腊首领的征募，再到牺牲伊菲革涅亚的出发时刻，再到阿喀琉斯和阿加门农之间的决战，再到最后的特洛伊之夜。这里有一幕讲述了当阿喀琉斯藏在斯盖洛斯国和国王里克梅德斯的女儿们生活在一起的时候，尤利西斯如何以狡猾的手段唤醒了阿喀琉斯的战斗欲望。我们有同一型号的两件复制品。首先我们可以看到尤利西斯，头上戴着伞状的帽子，和迪奥梅德斯，这个削减了阿喀琉斯势头的人。阿喀琉斯，尽管他仍穿着女装，但听到了战争的号角后还是弯腰拿起了盾牌和头盔。图上的一位少女，应该就是阿喀琉斯的未婚妻——黛达米亚，她很绝望地举起双臂，同时，国王带着两个卫兵出现在房间尽头的场景里。在狄俄斯库里兄弟之家的复制品中，缺少画卷的左边有小号手的部分，根据兄弟之家 IX5,2 的另一份复制品中所描绘的，也许还应有另外两个女性意象。这幅壁画，也许是公元前 4 世纪的一位艺术家阿谭尼奥·迪·马罗涅斯的杰作，在形象的比例上是相当和谐的，人物的活动，甚至伴随着尤利西斯和迪奥梅德斯手里长矛的间接走向而进行，人物激烈的面部表达也是很出色的部分，另外，运用以红棕色、蓝绿色以及白色为主的色调而营造出的色彩效果也十分令人称赞。

阿喀琉斯小的时候曾浸过冥河——地狱之河之一，这里的水可以让任何一个被它浸湿的人永垂不朽。但他被的母亲忒提斯的手提着的脚踝处并没有碰到冥河水，因此那里成为他的软肋。

爱的惩罚

1 世纪初期

壁画

154 x 116 cm

出自庞贝，爱的惩罚之家，VII 2,23

在第三风格的画作发展中，明显地，垂直的环境、建筑或者景观元素相对于人文因素是很有优势的，在某些情况下，例如在狄安娜神话、阿克太翁、蒂尔斯的处罚、美狄亚、昴宿星团、奈厄布的大屠杀这些复制品中，甚至是一种超越。在从爱的惩罚之家（完全是以其展品之名命名）VII 2,23 拆除的那两幅画中，景观图是由岩石、树木组成的，它们的色彩柔和，与背景中明亮的白色并不冲突，这有助于为场景营造一种超现实的氛围，这也呼应了作品简洁的风格特点。这里我们可以看到阿芙罗狄蒂坐在一块岩石上，双手拿着丘比特的弓和箭袋，而小丘比特正哭着被从佩托（劝导女神）的身边带走，同时，安特罗斯，从他朝外卷曲的翅膀和头上的绦虫可以判断出，他正嘲笑着丘比特并逃到了母亲的身后。

这幅壁画可以追溯到公元 1 世纪初期，也许是战神与维纳斯爱情作品中比较鲜为人知的一部，这里的丘比特被处罚是因为他使战神爱上了另一个女人。这样的解读是通过观察画中维纳斯黯然神伤的表情，以及佩托和丘比特与在另一幅画作中相似的形象而判断的，因为在那一幅作品中，宝座上被战神爱抚的女人并不是维纳斯。

珀尔修斯和安德洛墨达

1 世纪初期

壁画

120 x 98 cm

出自庞贝，狄俄斯库里兄弟之家 VI9,6

在所有启迪希腊画家灵感的神话主题中，最常见的主题之一便是珀尔修斯和安德洛墨达的神话了，而罗马复制家们则是选择创作模型更吸引他们的希腊画家。且菲奥和卡希奥皮年幼的女儿被惩罚锁在岩石上，为了惩治女王自以为比涅瑞伊得斯更美的傲慢无礼，波塞冬派去的一只海怪想要吞噬她。不过，少女后来为珀尔修斯——她父亲曾许诺的未婚夫——所救，珀尔修斯打败了海怪，并给它看了美杜莎的头，而美杜莎的眼神具有将人石化的能力。画中所描绘的场景正是少女在英雄的帮助下重获自由，从岩石上走下来的瞬间。之后又重新复制了一幅晚期古典的作品，这幅作品的周围景观简明扼要，人物的姿势和表情都概括表现在所展示的情境中，而不是像紧张心理的负载一样，在最后时刻才得以进化。

庞贝画家再次临摹的作品模型水平很高，比如显示出人物形象的比例，平衡线条升向三角形顶点的运动，在这种情况下，才可能题写作品。而犹豫就在从某种意义上来说更加重要的部分产生了：珀尔修斯触碰安德洛墨达胳膊的手和一个不幸的远景一同呈现，否定了两个年轻人之间唯一的联系。维苏威城归还了各种关于这个主题的复制品，规模各不相同，也会增加一些细节，比如阿卡太——地点的人格化象征，还有各种关于“田园诗般”的版本的复制品，在所谓的“田园诗般”作品中，这两个度过了紧张时刻的年轻人坐在岩礁上，看着自己倒映在水中的影子，而美杜莎激动的头则晃得像个奖杯似的。

女祭司的服装

1 世纪

壁画
44 x 44 cm
出自赫库兰尼姆

一些来自赫库兰尼姆的方形壁画彼此都风格相似，都刻画了简单的场景、丰富的细节，并且设定在封闭的环境里，内墙上绘有壁画。这幅壁画题为“女祭司的服装”，图中左边的女人坐在宝座上，右手搂着一个少女，少女穿着一件黄色的衣服，头发用发带缠起。在右边，另一个女孩子正在帮坐着的同伴梳头。在圆形平板桌子上，有一根丝带和一根橄榄枝，在桌子下面，有一只玻璃花瓶，花瓶的透明度是通过灵巧的高亮效果突出的。无论是背景环境还是人物的服饰都是希腊式的：女人们穿着轻薄带绣边的束腰长衫，一直拖到脚踝处，色彩也都是很柔和的。在长衫的外面，她们穿着古希腊大长袍（一块可穿戴的矩形布匹，绕过全身在左肩固定）。主角们都留着长头发，各梳成不同的发型，用薄薄的冠状头饰或者彩带固定起来。人物被放入了四分之三，分成两组，由一根柱子区分开，正好将场景分为了两半。

所谓萨福的肖像

1 世纪

壁画

31 x 31 cm

出自庞贝，VI 西方岛

这幅女性的半身像，作为《所谓萨福的肖像》而闻名，并不属于容貌人像类——那些展现个体真实特点，而且还深入人物心理的肖像画，而是属于类型学肖像类，通过一些特定的人物属性刻画，比如所属的特定社会阶层之类，使得所刻画人物很容易被辨认。画上的年轻女孩，金色卷发蓝眼睛，她头上戴着发网，嘴唇紧靠着一支手写笔的一端，手握着一个四联幅的涂蜡板，看起来是个知识分子；悬挂式的图章有两面，第二面上面刻画了一个年轻人正把一卷莎草纸靠近下巴，他头上戴着一顶常春藤的花环。这对“诗人”由一位极为巧妙的画家所塑造，他尤其擅长创作一些用在走廊、板间房或者接待室装饰里多次重复的配件元素。诀窍在于，这个少女将涂蜡板转向自己而不是像通常那样转向观众，给人的感觉是她在写作之前有一个短暂的停顿思考的瞬间。写作，这是一个对于古罗马妇女很陌生的活动，因此它不被认为是一个真实的场景。在放置这个圆形画像的墙面的中心有一幅珀尔修斯和安德洛墨达的神话图。

尼禄时代流行这种细金丝发网，上层社会的女性通常会将卷发用这种在黑暗中能发光的发网圈住；有时，金丝网上面还会镶嵌一些宝石。

罗马女性经常佩戴的耳环，可以有很多不同的形状，从最复杂的动物半身形到最简单的圆圈形都有；它们一般是耳坠，有珍珠或者其他宝石镶嵌，以得到丰富的色彩效果。

女孩靠在嘴边的手写笔是最常见的书写工具之一；经常被用来刮蜡釉，用木板作支撑工具；不过，在莎草纸上书写则用的是菖蒲。

阿喀琉斯和喀戎

1 世纪

湿壁画

127 x 125 cm

出自赫库兰尼姆，大教堂

这幅壁画来自赫库兰尼姆大教堂，用来装饰北墙壁上的神龛。壁画刻画了少年阿喀琉斯，他的形象是以凡尼斯大力士为模板的，穿着一件短斗篷，头转向自己的导师——半人马喀戎，喀戎在帮助阿喀琉斯调整竖琴。喀戎是腓力拉和宙斯之子，为半人半马形，他生活在佩里恩山上的色萨利，除了阿喀琉斯以外，他还是多位希腊神话英雄人物的导师，比如杰森和阿波罗。喀戎的教导基于音乐、艺术和医学上。根据普林尼证实，在罗马的朱立亚有一组描绘阿喀琉斯和喀戎的雕塑，它的形象颇负盛名，也经常出现在其他一些壁画作品中，比如庞贝西塞罗别墅里的半人马系列和半人马座系列。在这幅壁画作品中整体表现出雕塑的色彩均匀性特点，它使用了很少的颜色和典雅的建筑背景，而没有将背景设立在喀戎所居住的洞穴里——著名雕塑群的典故，半人马的形象也出现在壁画《阿喀琉斯在斯盖洛斯》中阿喀琉斯的盾牌上。

帕求斯·普罗库鲁斯和他的妻子

1 世纪

壁画
65 x 58 cm
出自庞贝 VII 2,6

这幅画被传统地称为“帕求斯·普罗库鲁斯的肖像”，这是由于找到这幅画的庞贝那栋别墅的主人名字被弄错了，它位于通往中庭的一面墙上，十分醒目。泰雷提乌斯·内欧，这个正确的名字在家里内部的涂鸦上可见，他与他的妻子一起画了这幅肖像图，妻子穿着华丽的衣服，看起来很知性。他们两个人的手里拿着日常用来书写的物品，这些物品是善于读写者的特征，但却会与人物的生理形象起冲突，尤其是对于男性来说。作者不去强调粗线条，厚嘴唇，尖三角形的脸形，支棱的耳朵，黝黑的皮肤和萨尼特人典型的深色大眼睛，眼珠子又大又黑、炯炯有神，闪烁着一种农民的狡黠，似乎是已经知道如何成为一个富有的可以穿着白大褂的面包师了。妻子的发型是流行的那种，前额的刘海儿处头发烫成了小卷，这种发式流行在最近 20 年的城市生活里，戴着耳环，穿着一件昂贵的紫红色披风，但这些细节并不能抵消她拿着蜡片向观众展示刚刚结束写作的尴尬姿态。我们面对的是一幅不折不扣的肖像画，与其他那些来自古代的肖像相比，它的稀罕之处在于它是绘画的：大部分的绘画作品都因为其易腐蚀性的支撑材料（比如木板）而被破坏了。

露天剧场的争斗

1 世纪后半叶

壁画
169x185 cm
出自庞贝 13,23

没人知道庞贝拥有这幅负有盛名的壁画作品的房子所有者是谁，这幅作品以它持久的方式唤醒了一个在公元 59 年的露天圆形剧场内外爆发的争斗场面。塔西回忆了事实情况：在一次由利维尼奥·雷古鲁斯提供的角斗表演中，为了微不足道的原因，庞贝人和奴切里尼人争斗了起来，情况很快就恶化了，双方都拿出了武器，死伤人数很多，尤其是奴切里尼人，因此，参议院暂停十年在庞贝露天剧场的表演，流亡了利维尼奥和挑衅者，并解散了非法组织。这幅壁画以生动而直接的方式将庞贝的东方元素还原在一幅“飞鸟图”上，让人可以真实感受诸多细节：露天剧场，拱门上通往梯形座位的楼梯，由门廊包围的健身房，城墙和塔楼，还有种植着树木的大开放空间，以及那里出售食品和饮料的流动摊贩。在阶梯上以及在剧场的外面，冲突仍在进行，我们可以看到，有人愤怒操刀，有人仓皇逃跑，还有人受伤倒地，同时，暴动不涉及的二层上，徘徊着一些妇女。在健身房的墙壁上，用希腊文写着 D. 卢克莱修和萨特利·瓦伦特这两位尼禄时期喜剧编剧的名字。

壁画
140 x 101 cm
出自庞贝，百年之家；1880 年收藏

巴克斯和维苏威

1 世纪

酒神狄俄尼索斯，完全被葡萄串包裹着，展现出了他最典型的特征；长长的酒神棒顶端缠着一些绷带和常春藤；康塔罗斯，是一种被用来倒酒的瓶器；豹，酒神队伍中的一种动物，神祇们经常会穿着它的皮毛。

这幅壁画来自百年之家，装饰在柱廊里的一间家神龛里；观众的注意力立刻就会被壁画上的独立形象——酒神吸引，他出现在壁画尽头处，白色背景上的他被一身多汁的大葡萄包裹；富有同情心的酒神，正从康塔罗斯酒杯里倒酒给豹解渴。在酒神的右边有一座山，山的斜坡被葡萄园覆盖，根据一些作者论述，这可能是维苏威在公元 79 年喷发覆灭之前的景象。在图画的下部有一个关于家神龛的重要元素：蛇。蛇是慈善实体，生命延续和重生的象征，每年春天，在它前往祭坛的灌木带里，都有一些供奉，例如鸡蛋。一个巨大的带有花朵和两只鸟儿的花环关闭了画面，就像在很多的家神龛绘画中一样，它并没有漫画中的那种框架；但从这幅图看来，画师并不是那种速度很快的行草书的工匠——他们总是用单调色的大画笔带着满腔的“虔诚”开画，而是熟知明暗对比和光影效果的能工巧匠。

伊娥在克诺珀斯

公元 1 世纪

壁画

80 x 66 cm

出自庞贝，欧码勒公爵之家 VI 9,1

这幅壁画，和那幅在伊西斯神殿里找到的有波旁国王费迪南多四世的画很相似，描绘的是伊娥——一个雅高少女故事的结尾：她是雅高赫拉的女祭司，为宙斯所爱，宙斯十分迷恋她的美貌；因为宙斯的妻子——女神赫拉的嫉妒，少女被迫出逃，变身为一只小母牛从希腊逃走；在穿越了海湾（那座海湾因她而得名克诺珀斯海湾）和小亚细亚的国家之后，她来到了埃及，在卡奴珀斯受到了伊西斯的热情接待。少女依傍在尼罗河岸，四肢黝黑，像是肥沃泥土的颜色。在河边的岩石上则坐着伊西斯，女神容貌姣好，穿着一件白色的亚麻衫，长长的卷发散落着，这正符合亚历山大时期的时尚，她从右边扶着少女，帮她从尼罗河岸走下来；在她的左手里拿着一条眼镜蛇，旁边坐着哈尔波克拉特斯，后面是两位牧师，他们在一个大角型祭坛周围，摇着哗唧棒。在埃及，伊娥重新获得了人类的化身，并养育了儿子宙斯·厄帕福斯，反过来，厄帕福斯又创造了埃及和达那俄斯，他正是埃及和阿尔戈斯王室血统的创始人。

刚到埃及的伊娥的前额还长着牛犄角；少女被宙斯变成了小母牛，在她去往埃及的途中经过了博斯普鲁海峡，它的名字正是“通过小母牛”的意思。

木材
软木，纸张
800 x 500 cm

庞贝模型

19 世纪—20 世纪

这个大型的软木模型，再现了 19 世纪中期庞贝在庞贝遗址挖掘的情景，不过也有一些重要的缺失因素，比如没有圆形剧场和第八区的脑岛 2。

它是于 1861 年在朱塞佩·费奥雷利的带领下建造的，朱塞佩在那些年里负责监督庞贝的挖掘工作，他开展了庞贝首次地形测量工作使庞贝的海拔高度能够被正确得知。公共建筑和私人住宅，公路和广场都是以 1：100 的比例忠实再现的，细节丰富生动，尤其真实还原了装饰壁画、粉刷、马赛克以及大理石和凝灰岩雕饰的情况。墙壁都是用烙画软木建造的，以便展示不同的建筑技术，而不同的建筑元素则是用灰泥或者石膏完成的。墙壁的软木经过了粉刷，真实展现了壁画和装饰，尽管尺寸被缩小了，但仍可以识别出每一幅作品。情景被精确地再现，细节也是肉眼可见，比如那些天花板上的涂彩装饰和一些浴场的装置，都是可以拿开覆盖的活动天花板欣赏其内部结构的。至于马赛克的展示，使用的是一种多孔的纸张，并在马赛克存在的相应地方进行雕刻，在某些情况下使用的是蜥蜴皮。

那不勒斯国家考古博物馆

参观指南

那不勒斯国家考古博物馆

地址：Piazza Museo 17
80135 Napoli
电话：+39 081 44 01 66
网址：www.archeona.arti.beniculturali.it

开放时间

09：00–19：30 周一至周日

欧盟公民 18 岁以下、65 岁以上免费。

闭馆日

每周二，1月1号，12 月 25 号

交通信息

公交：201 号线

地铁：从中央火车站乘坐 2 号线到 Piazza Cavour 站下

导览服务

博物馆提供持续 90 分钟的导览服务，个人可自由参加。团体导览服务需提前预定。博物馆也为盲人和视障人士提供触觉之旅。

预定电话：848800288
+390639967050
周一至周六 09：00–13：30
14：30–17：00

其他设施

参观语音导航，书店，咖啡厅，衣帽寄存处

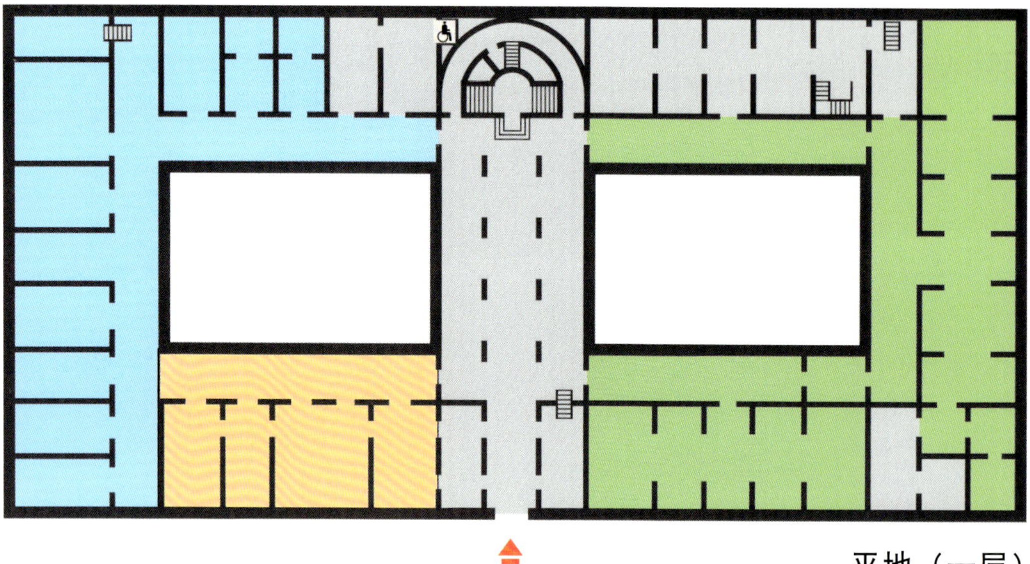

平地（一层）

凡尼斯雕塑

罗马坎帕尼亚雕塑

弗雷格拉区域雕塑

维苏威雕塑

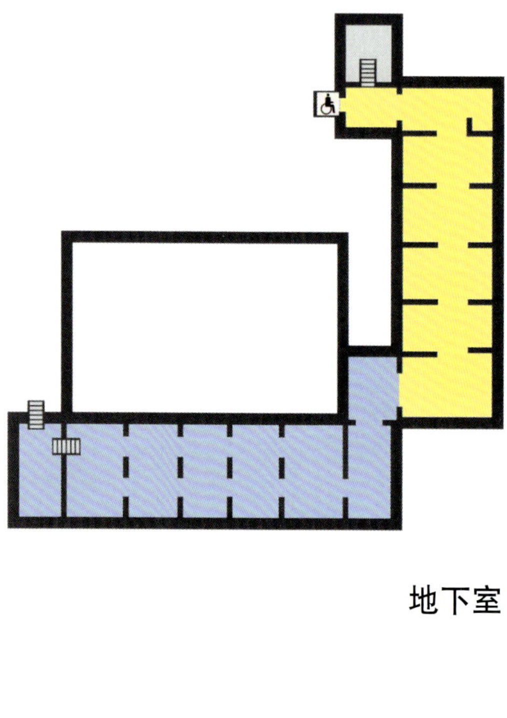

埃及珍藏品

碑铭收藏品

地下室

博物馆一层

庞贝珍藏品

- 壁画展区
- 伊西斯神庙展区
- 日常用品展区
- 庞贝塑料品展区

- 莎草别墅
- 那不勒斯希腊与罗马藏品
- 库玛藏品
- 伊斯基亚藏品
- 史前与史后藏品
- 古罗马民族藏品
- 大希腊王国藏品

博物馆夹层

- 古钱币展区
- 马赛克展区
- 密室珍藏区

艺术品索引

图书在版编目（CIP）数据

那不勒斯国家考古博物馆 /（意）哥伦布编著；崔娥译．—南京：译林出版社，2014.9（2024.12重印）
（伟大的博物馆）
ISBN 978-7-5447-4830-8

Ⅰ．①那… Ⅱ．①哥… ②崔… Ⅲ．①博物馆－历史文物－介绍－那不勒斯 Ⅳ．①K885.46

中国版本图书馆 CIP 数据核字（2014）第 132492 号

书　　名 那不勒斯国家考古博物馆
编　　著 〔意大利〕迪雷塔·哥伦布
译　　者 崔　娥
责任编辑 陈绍敏
特约编辑 周冬辉　王雪婷
出版发行 凤凰出版传媒股份有限公司
　　　　 译林出版社
出版社地址 南京市湖南路 1 号 A 楼，邮编：210009
电子信箱 yilin@yilin.com
出版社网址 http://www.yilin.com
印　　刷 天津丰富彩艺印刷有限公司
开　　本 787×1092 毫米　1/16
印　　张 10.25
字　　数 153 千字
版　　次 2014 年 9 月第 1 版　2024年12月第10次印刷
书　　号 ISBN 978-7-5447-4830-8
定　　价 59.80 元

Photo Reference